首都圏版① 最新入試に対応！ 家庭学

成蹊小学校

2025年度版 過去問題集

2021～2024年度 実施試験 計4年分収録

問題集の効果的な使い方

①学習を始める前に、まずは保護者の方が「入試問題」の傾向や、どの程度難しいか把握をします。すべての「アドバイス」にも目を通してください。
②各分野の学習を先に行い、基礎学力を養いましょう！
③力が付いてきたと思ったら「過去問題」にチャレンジ！
④お子さまの得意・苦手がわかったら、その分野の学習を進め、全体的なレベルアップを図りましょう！

厳選！ 合格必携 問題集セット

記憶	お話の記憶 中級編・上級編
記憶	Jr. ウォッチャー ⑲「お話の記憶」
行動観察	Jr. ウォッチャー ㉙「行動観察」
図形	Jr. ウォッチャー ㉟「重ね図形」
推理	Jr. ウォッチャー ㊼「座標の移動」

日本学習図書 ニチガク

こんなこと…ありませんか？

「ニチガクの問題集…買ったはいいけど、、、
この問題の教え方がわからない（汗）」

メールでお悩み解決します！

- ☆ ホームページ内の専用フォームで必要事項を入力！
- ☆ 教え方に困っているニチガクの問題を教えてください！
- ☆ 確認終了後、具体的な指導方法をメールでご返信！
- ☆ 全国どこでも！ スマホでも！ ぜひご活用ください！

<質問回答例>

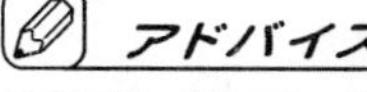

アドバイス

推理分野の学習では、後の学習に活きる思考力を養うことができます。ご家庭で指導する場合にも、テクニックにたよらず、保護者の方が先に基本的な考え方を理解した上で、お子さまによく考えさせることを大切にして指導してください。

Q.「お子さまによく考えさせることを大切にして指導してください」と学習のポイントにありますが、考える習慣をつけさせるためには、具体的にどのようにしたらいいですか？

A. お子さまが考える時間を持てるように、質問の仕方と、タイミングに工夫をしてみてください。
たとえば、「答えはあっているけど、どうやってその答えを見つけたの」「答えは○○なんだけど、どうしてだと思う？」という感じです。
はじめのうちは、「必ず30秒考えてから手を動かす」などのルールを決める方法もおすすめです。

まずは、ホームページへアクセスしてください!!

https://www.nichigaku.jp　日本学習図書　検索

家庭学習ガイド
成蹊小学校

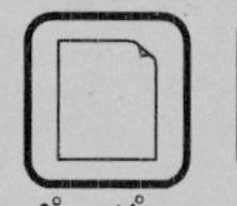

入試情報

応 募 者 数：男子 336名　女子 274名
出 題 形 態：ペーパー、ノンペーパー
面　　　接：あり（保護者面接）
出 題 領 域：ペーパー（お話の記憶、図形）、制作、運動、行動観察（グループ）

入試対策

2024年度は募集116名に対し応募者数が600名を超え、首都圏屈指の人気校となっています。とはいえ、例年700名を超す応募者数がいるなか、やや少なめでした。
ペーパーテストでは、「お話の記憶」「図形」といった分野からの出題が続けられています。分野を絞り込んで学習することは可能ですが、「お話の記憶」に季節などの常識分野や、しりとりなどの言語分野が盛り込まれているように、複合問題も多く出題されるので、全分野の基礎学習も欠かさずに取り組むことが大切です。
もちろん、当校入試では学力ばかりではなく、コミュニケーション能力も重視されます。受け答え、集団の中での協調性を発揮するだけでなく、集団の中でも言うべき時には自分の意見を言うなど、積極的な行動を心がけましょう。こういった能力は、即席で身に付けられるものではなく、早い段階から保護者の方のねばり強い指導が必要になります。指導の際には否定するのではなく、お子さまを「ほめて伸ばす」といったスタンスがよいでしょう。

●例年、出題される「お話の記憶」を解くには、集中力と記憶力が必要不可欠です。絵本や童話などで慣れておいたり、読み聞かせの後に内容を確認する質問をするなど対策をする必要があります。

●「図形」は、問題数も多く、他校ではあまり見られない難問が出題される傾向にあります。まずは基礎問題にしっかり取り組み、お子さまのペースに合わせて徐々にステップアップを図りましょう。練習では具体物を取り入れるのが効果的です。実際に自分で動かしてみることで、問題を解く際に頭の中でイメージを描くことができるようになります。

●「行動観察」は、集団で行われます。初対面のお友だちとコミュニケーションをとらなければなりません。協調性はもちろんのこと、最後の片付けや挨拶まで観られています。日常生活から意識して教え、習慣化させるようにしましょう。

●「運動」は、運動能力の有無や出来の良し悪しではなく、指示の理解と実行、態度、姿勢を観ています。指示は最後まで集中して聞き、待機時の姿勢や態度にも注意してください。

「成蹊小学校」について

<合格のためのアドバイス>

当校の入試は、例年必ず出題される「お話の記憶」、そして複雑な「図形」の問題が特徴です。特に図形の問題の難易度が高く、考えさせられる多く問題が出題されています。

「お話の記憶」は、日頃の読み聞かせをしっかりと行うことが大切です。ただ聞いて「おもしろいお話だった」で終わるのではなく、お話を理解する力が身に付くように行ってください。読み聞かせは、短いお話から始め、読んだ後にそのお話の感想を聞いたり、質問したりしながら、楽しく、お子さまと語り合うような読み聞かせを行いましょう。そうすることで、お話を理解し、「話を聞く楽しさ」もわかってきます。まずは、当校で出題されるような長いお話でも最後まで聞き続ける「姿勢」を養うことが大切です。

小学校受験ではお話を聞き、理解することは「お話の記憶」の問題だけに必要な力ではありません。「図形」「行動観察」「運動」でも、指示を聞き、理解しないと課題を進めることはできません。「指示の理解→思考→解答」というプロセスはすべての学習の基本ですから、ぜひこの段階で身に付けましょう。

さて、前述したように、「図形」の問題は小学校受験としてはかなりハイレベルの問題が出題されます。応用力を付けるためには、土台となる基礎問題にしっかりと取り組み、頭の中で図形を回転させたり、組み合わせたりと、イメージすることができるような図形感覚が必要です。パズル遊び・積み木遊びをたくさん行い、ペーパー問題に取り組む前に、その問題を身近な具体的なものに置き換えて試してみてください。たとえば、「四つ折りにした折り紙を切った後、開くとどんな模様ができるか」など、体験することで容易に理解が深まり、スムーズにペーパー問題に移行できます。

当校の問題は難しいため、入試対策はペーパー学習に偏りがちですが、行動観察の対策を忘れてはいけません。ここでも「指示の理解→実行」というプロセスは有効です。しっかりとコミュニケーションを取り、協調性を持って関わることを心がけるようにしてください。しかし、協調性を重んじるあまり、自分の意見を言わないのは、積極性に欠けると評価されます。自分の意見を言い、相手の意見と擦り合わせてよい方向に導き、最終的によい結果につながることを目標に、日常生活でも意見を言う機会を多くつくりましょう。

<2024 年度選考>

◆ペーパーテスト（お話の記憶、図形）
◆制作
◆行動観察
◆運動
※試験は２日間。
　男女別で行われ、内容も異なる。
※面接は保護者面接

◇過去の応募状況

2024 年度　男子 336 名　女子 274 名
2023 年度　男子 377 名　女子 345 名
2022 年度　男子 385 名　女子 354 名

入試のチェックポイント

◇受験番号は…「願書受付順」
◇生まれ月の考慮…「非公表」

成蹊小学校

過去問題集

〈はじめに〉

現在、少子化が叫ばれているにもかかわらず、私立・国立小学校の入学試験には一定の応募者があります。入試は、ただやみくもに学習するだけでは成果を得ることはできません。志望校の過去における出題傾向を研究・把握した上で、練習を進めていくこと、試験までに志願者の不得意分野を克服していくことが必須条件です。そこで、本問題集は小学校を受験される方々に、志望校の出題傾向をより詳しく知って頂くために、出題頻度の高い問題を結集いたしました。最新のデータを含む精選された過去問題集で実力をお付けください。

また、志望校の選択には弊社発行の**「2025年度版　首都圏・東日本　国立・私立小学校　進学のてびき」**をぜひ参考になさってください。

〈本書ご使用方法〉

◆出題者は出題前に一度問題を通読し、出題内容などを把握した上で、〈 準 備 〉の欄に表記してあるものを用意してから始めてください。

◆お子さまに絵の頁を渡し、出題者が問題文を読む形式で出題してください。問題を読んだ後で、絵の頁を渡す問題もありますのでご注意ください。

◆**「分野」**は、問題の分野を表しています。弊社の問題集の分野に対応していますので、復習の際の目安にお役立てください。

◆一部の描画や工作、常識等の問題については、解答が省略されているものがあります。お子さまの答えが成り立つか、出題者が各自でご判断ください。

◆**〈 時 間 〉**につきましては、目安とお考えください。

◆本文右端の［〇年度］は、問題の出題年度です。［2024年度］は、「2023年の秋に行われた2024年度入学志望者向けの考査で出題された問題」という意味です。

◆**学習のポイント**は、指導の際にご参考にしてください。

◆**【おすすめ問題集】**は各問題の基礎力養成や実力アップにご使用ください。

〈本書ご使用にあたっての注意点〉

◆文中に**この問題の絵は縦に使用してください。**と記載してある問題の絵は縦にしてお使いください。

◆〈 準 備 〉の欄で、クレヨン・クーピーペンと表記してある場合は12色程度のものを、画用紙と表記してある場合は白い画用紙をご用意ください。

◆文中に**この問題の絵はありません。**と記載してある問題には絵の頁がありませんので、ご注意ください。なお、問題の絵の右上にある番号が連番でなくても、中央下の頁番号が連番の場合は落丁ではありません。

下記一覧表の●が付いている問題は絵がありません。

問題1	問題2	問題3	問題4	問題5	問題6	問題7	問題8	問題9	問題10
							●		●
問題11	問題12	問題13	問題14	問題15	問題16	問題17	問題18	問題19	問題20
					●	●	●	●	●
問題21	問題22	問題23	問題24	問題25	問題26	問題27	問題28	問題29	問題30
●					●	●	●	●	●
問題31	問題32	問題33	問題34	問題35	問題36	問題37	問題38	問題39	
●	●					●	●	●	

㊢ 先輩ママたちの声！

◆実際に受験をされた方からのアドバイスです。
ぜひ参考にしてください。

成蹊小学校

＜入学試験について＞

・１日目はペーパーのあとに行動観察の要素を含む巧緻性、２日目は運動テストのあとに例年とは異なる行動観察がありました。協調性など、集団の中での様子をよく観られていると感じました。

・授業を参観ブースで見ることができます。成蹊ならではの「こみち」の授業やパソコンを活用した授業などが各学年に見られ、とてもよくわかります。自発性を大事にしている指導や、子どもたちが活発に意見を交わす授業スタイルに学ぶ意欲を感じました。

・ペーパーテストは標準的な難易度と感じましたので、ある程度の結果を出さないと、合格は厳しいと感じました。

・説明会やオープンスクールにはできるだけ行くようにしました。また、はさみやなぞりなどは、基本を徹底して練習しました。

＜保護者面接について＞

・ここ数年の傾向とは異なり、より深く学校のことを知る必要があると感じました。「たくましい実践力が深い学びをつくる」は必読です。

・終始、和やかなムードで、基本的な質問が多かったです。ほとんどの方が、５～10分で終わっていたようです。

・面接では願書に書いた内容について聞かれましたので、書いた内容については、しっかり答えられるようにしておく必要があると思いました。

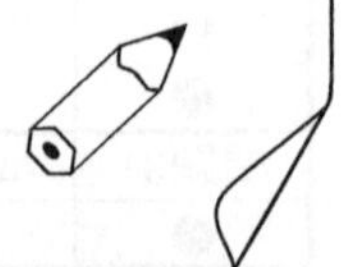

◎学習効果を上げるため、前掲の「家庭学習ガイド」及び「合格のためのアドバイス」をお読みになり、各校が実施する入試の出題傾向を、よく把握した上で問題に取り組んでください。
※冒頭の「本書のご使用方法」「ご使用にあたっての注意点」も併せてご覧ください。

2024年度の最新入試問題

問題1　分野：お話の記憶

〈準備〉　サインペン（青）

〈問題〉　お話をよく聞いて、後の質問に答えてください。

さくらさんの家の近くに大きな神社があります。今日はこの神社で夕方からお祭りが行われます。さくらさんは何日も前からこのお祭りを楽しみにしていました。さくらさんは、弟のゆうた君とお父さんとお母さんの４人でお祭りに出かけました。さくらさんは花火の柄、ゆうた君は恐竜の柄のゆかたを着て行きました。この日のために、お母さんが買ってくれたゆかたです。神社に着くと、もうすでにたくさんの人でにぎわっています。神社の境内にはたこ焼きや焼きそばなどの食べ物屋さんや、金魚釣り、くじびきなどのお店が並んでいます。さくらさんはどの店にしようか迷いましたが、以前から楽しみにしていたかき氷屋さんで、さくらさんはイチゴ味、ゆうた君はクリームをかけたメロン味を買いました。かき氷をひと口食べると、甘い味が口いっぱいに広がります。あまりにおいしくてついたくさん食べたら、頭がキーンと痛くなりました。「冷たいものを急にたくさん食べると、頭が痛くなるから気を付けるんだよ」とお父さんが言いました。さくらさんは、これからは気をつけようと思いました。そのあと、ゆうた君はヨーヨー釣りとくじびきをしました。くじ引きではゆうた君は本当は電車の模型が欲しかっのですが、戦隊ヒーローのお面が当たりました。さくらさんは輪投げと金魚釣りをしました。金魚釣りでは３匹釣れましたが、お店の人がもう２匹おまけしてくれました。帰りにお父さんが焼きそばを買い、家に持って帰って晩ごはんにしようと言いました。帰りがけにゆうた君を見ると、こっそりチョコバナナを食べていました。お母さんに買ってもらったそうです。

（問題１の絵を渡す）
①弟のゆうた君がくじびきで本当は欲しかったものに○をつけてください。
②弟のゆうた君が着ていたものに△をつけてください。
③さくらさんは金魚を何匹持って帰りましたか。その数だけ○を描いてください。
④弟がお祭りで食べたものに○をつけてください。

〈時間〉　各10秒

〈解答〉　①左から２番目（電車の模型）　②左端（恐竜の柄）
③○：５つ　④右から２番目（かき氷）

アドバイス

2023年に出題された問題11や12のように、当校のお話の記憶の問題といえば長文で、かつ設問の多いのが特徴ですが、それに比較して本問はかなりやさしい内容となっています。それだけに取りこぼしのないように確実に正解したいところです。また絵の内容は分かっていてもつける解答記号を間違えてしまわないよう、問題をしっかりと聞くようにしましょう。その点では、設問2は要チェックです。迷うことなく三角を描けたか、三角を描くとき、頂点がしっかり描けていたかなどしっかりと観てください。頂点のある解答記号は、頂点をしっかり描かないと三角や四角が丸と判断されてしまうことがあります。せっかく分かっていても、そのようなことで不正解にされるのはもったいないです。そのような事態を避けるよう、解答記号はしっかり描くようにしましょう。なお、当校の問題の傾向として、お話に登場したものの数や順序が聞かれることがあります。本問をアレンジして、立ち寄ったお店を順に答えてくださいといった設問をしてみてもよいでしょう。

【おすすめ問題集】

１話５分の読み聞かせお話集①②、　お話の記憶 中級編・上級編、
Ｊｒ・ウォッチャー19「お話の記憶」、34「季節」

家庭学習のコツ①　**「先輩ママたちの声」を読みましょう！**

本書冒頭の「先輩ママたちの声」には、実際に試験を経験された方の貴重なお話が掲載されています。対策学習への取り組み方だけでなく、試験場の雰囲気や会場での過ごし方、お子さまの健康管理、家庭学習の方法など、さまざまなことがらについてのアドバイスもあります。先輩ママの体験談、アドバイスに学び、ステップアップを図りましょう！

問題2　分野：お話の記憶

〈準 備〉　サインペン（青）

〈問 題〉　お話をよく聞いて、後の質問に答えてください。

ある晴れた日、たける君のお母さんは、たける君がお気に入りのサッカーの絵が描かれたＴシャツを洗濯しました。このＴシャツは青い色だったので、たける君は「青くん」と呼んでいました。「今日はとてもよい天気だから、すぐに乾いて、明日の小学校の遠足には着ていけそうね」。たける君のお母さんがひとり言を言いながらマンションの５階のベランダにある物干し竿に掛けようとしたら、急に風が吹いてきて、Ｔシャツが飛ばされてしまいました。Ｔシャツの青くんはみるみる青い空を飛んでゆきます。たける君のお母さんはＴシャツを追いかけようと１階に降り、マンションの外に出て探しましたが、もうはるか遠くに飛んでいってしまったのか、見つかりませんでした。「ああ、どうしましょう」、お母さんはすっかり困ってしまいました。一方、Ｔシャツの青くんは、高い空をどんどん飛んでゆき、やがてたける君の家の近くの公園のブランコにふわりと落ちました。公園では、幼稚園の子どもたちが遊んでいます。「ねえ先生、空からＴシャツが降ってきたよ」。Ｔシャツを見つけた子どもたちは、幼稚園の先生に渡しました。先生は、きっとどこかのお家の洗濯物が風に飛ばされてきたのだと思いました。そして、幼稚園に戻って、ほかの先生に聞いてみれば、誰か知っている人がいるかもしれないと、Ｔシャツを持ち帰ることにしました。幼稚園に戻って聞いてみると、一人の先生が、このＴシャツはたける君のものかもしれないと言いました。たける君は小学校に上がる前、この幼稚園に通っていました。卒園した今も、ときどき幼稚園に遊びに来ていて、このＴシャツを着ているのを見たことがあったからです。こうしてＴシャツの青くんは無事、たける君のお家に戻ることができました。

（問題２の絵を渡す）
①Ｔシャツに描かれていた絵に○をつけましょう。
②お話の天気に○をつけましょう。
③あお君が飛んで行った場所に△をつけましょう。
④たける君が住んでいるのはマンションの何階でしょうか。その数だけ○を描きましょう。

〈時 間〉　各10秒

〈解 答〉　①右から２番目（サッカー）　②右から２番目（晴れ）　③左端（公園）
④○：５

家庭学習のコツ②　**「家庭学習ガイド」はママの味方！**

問題演習を始める前に、試験の概要をまとめた「家庭学習ガイド（本書カラーページに掲載）」を読みましょう。「家庭学習ガイド」には、応募者数や試験課目の詳細のほか、学習を進める上で重要な情報が掲載されています。それらの情報で入試の傾向をつかみ、学習の方針を立ててから、対策学習を始めてください。

アドバイス

お話の内容としては、特に難しいものではありません。１つひとつを記憶していくというよりも、お話の中の風景を思い描きながら記憶することがポイントといえるでしょう。お話の記憶の対策には、読み聞かせが有効とよく言われますが、読み聞かせだけではなく、体験に伴った記憶もあることを保護者の方は知っておいてください。近年の入学試験で、多くの学校が聞く姿勢を重要視していることからも、学校側が「聞く力」をすべての学習のベースと考えていることがわかります。そのような視点からも、読み聞かせは毎日コンスタントに行うように心がけてください。この問題では、設問③がきちんとできているかチェックしてください。三角の頂点の先までていねいに描かれているかも見てください。

【おすすめ問題集】

１話５分の読み聞かせお話集①②、　お話の記憶　中級編・上級編、
Ｊｒ・ウォッチャー19「お話の記憶」

問題３　分野：図形（点図形・位置の移動）

〈準備〉　サインペン（青）

〈問題〉　**この問題の絵は縦に使用して下さい。**

（問題３－１の絵を渡す）
１番上の段を見てください。左の四角に描いてあるお手本をよく見て、右の四角に描き写しましょう。お手本のすぐ右に１つだけ描いてください。もしまちがえたら、２本線では消さずにその隣の２つの四角にかき直してください。

（問題３－２の絵を渡す）
１枚目と同じように左の四角に描いてあるお手本をよく見て、右の四角に描き写しましょう。ただし、２枚目は☆の位置がお手本とは違う場所にあるのでよく見て描いてください。

〈時間〉　各１分

〈解答〉　下図参照

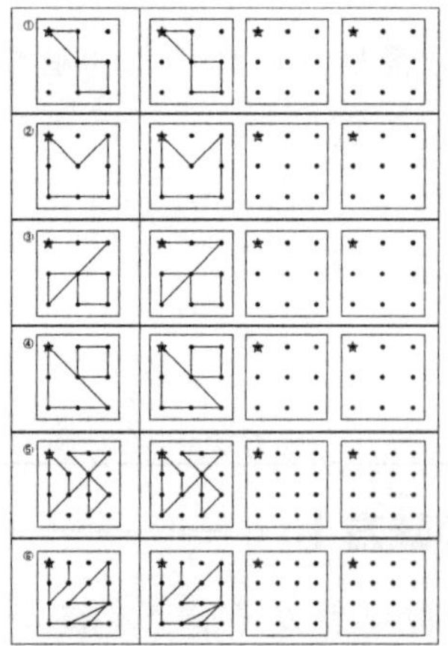

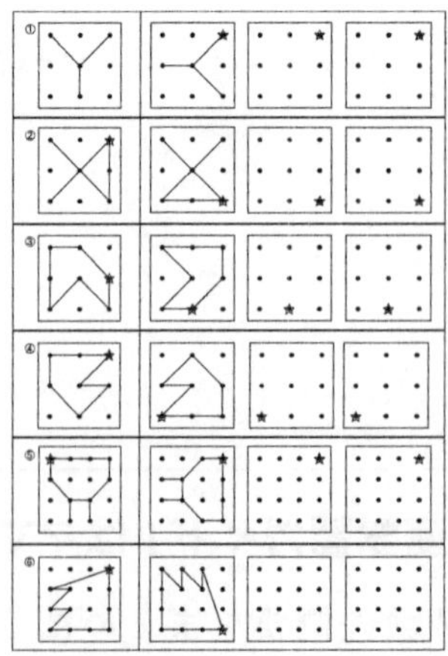

アドバイス

お手本通りに描く点・線図形の問題ですから、一見、やさしいように思えますが、後半は図形の回転の要素が入ってくるので見かけほど簡単ではありません。当校の図形分野の出題は空間の把握が問われる問題が多く出題されます。「鏡図形」「図形の回転」「四方からの観察」などもそうですが、ほとんどの図形問題は位置関係が理解できなければ、かなり難しいものになってしまいます。「図形を回転させると～になる」「～というふうに移動すると座標はこの位置に移動する」といったことが瞬間的にわかるようになるには練習が大切です。入試までの限られた時間ですが、当校の入試の過去問題だけではなく、類題や関連する分野の問題まで数多くの問題にあたることで、出題のパターンに慣れておきましょう。

【おすすめ問題集】

Ｊｒ・ウォッチャー１「点・線図形」・47「座標の移動」

問題４　分野：お話の記憶

〈準備〉　サインペン（青）

〈問題〉　２つの絵は透明な紙に書かれています。この２つの絵を重ね、回転させます。★が左に１回転、♥が右に１回転します。

上のお手本を見てください。２つの絵を重ねて、★★♥と回転させました。①～③についても、このお約束どおりに回転したら、どのような絵になるでしょうか。右から選んで○をつけましょう。

〈時間〉　各30秒

〈解答〉　①左から２番目　②右から２番目　③右端

アドバイス

単純な図形の対称や回転といった問題ではない、かなり難しい問題と言っていいでしょう。まず、重ね合わせた絵をイメージして、それを頭の中で回転させ、見本の絵と比べる」という３段階の思考を１問あたり30秒で行うには、こういった問題への「慣れ」が必要です。ここで言う「慣れ」というのは、１つは図形をイメージして、それを移動させたり、反転させたりすることに対するもの。１つは２つの図形を見比べてその違いを発見することに対するものです。この２つはお子さまにあらかじめ備わっているものではなく、本問のような図形分野の問題を数多く解くことで身についてくるものです。ですから、まずは簡単なものから始め、徐々に複雑な問題へと移行していきましょう。

【おすすめ問題集】

Ｊｒ・ウォッチャー５「回転・展開」、35「回転図形」、46「回転図形」、54「図形の構成」

問題5　分野：制作（巧緻性）

〈準備〉　折り紙、三角コーン、段ボール

〈問題〉　**この問題は絵を参考にして下さい。**
先生のお手本に従って折り紙で紙飛行機を折ります。作った紙飛行機をお友だちと交換し、飛行機飛ばしゲームをします。段ボールや三角コーンを使って、お友だちと話し合いながら紙飛行機を飛ばすコースを作りましょう。

〈時間〉　適宜

〈解答〉　省略

アドバイス

紙飛行機を作るにあたって、事前に先生から折り方について説明がありました。一般的な紙飛行機よりやや難しい折り方のものを作って行われました。そのあとは、グループによって、折った飛行機をお友だちと交換して飛ばしたり、自分の飛行機で遊びました。この年代のお子さまであれば、誰しも紙飛行機を作って飛ばしたことはあるでしょう。本問は紙飛行機というツールと、段ボールやカラーコーンといった道具を使用し、集団の中でどう振る舞うのか、個性とともに協調性について評価されるといってよいでしょう。「紙飛行機遊び」とはいっても試験ですので、当然、単なる遊びではないことをお子さまにも理解させるようにしてください。

【おすすめ問題集】
Ｊｒ・ウォッチャー29「行動観察」、56「マナーとルール」、
実践 ゆびさきトレーニング①②③、

家庭学習のコツ③　効果的な学習方法～問題集を通読する

過去問題集を始めるにあたり、いきなり問題に取り組んではいませんか？　それでは本書を有効活用しているとは言えません。まず、保護者の方が、すべてを一通り読み、当校の傾向、ポイント、問題のアドバイスを頭に入れてください。そうすることにより、保護者の方の指導力がアップします。また、日常生活のさまざまなことから、保護者の方自身が「作問」することができるようになっていきます。

問題6　分野：複合（行動観察・運動）

〈準備〉　風船、うちわ、三角コーン

〈問題〉　**この問題は絵を参考にして下さい。**

風船をうちわの上に乗せて運ぶゲームです。3人1組のチームとなり、2チームで競争します。

①風船をうちわに乗せ、スタートラインから三角コーンで折り返し、往復します。風船を手でおさえてはいけません。

②戻ってきたら、次のお友だちと交代します。

③全員が先にゴールした方が勝ちです。

〈時間〉　適宜

〈解答〉　省略

アドバイス

うちわという不安定なものの上でふわふわした風船を乗せて走るのはなかなか大変です。うちわの上でゆらゆら揺れる風船を追って、あっちへこっちへ行ってしまうかもしれません。そんな様子を見て、同じチームの子の応援しているうちに思わず声を出してしまうのは、お子さまであれば、仕方がないともいえます。とはいえ、やはり考査ですので、楽しみつつも試験であることを自覚した立ち振る舞いが必要です。保護者の方は、試験の目的をしっかり理解させるようにしてください。なお、このゲームで風船を素早く運ぶには、うちわを垂直にし、風船を押し出すようにするとよいでしょう。

【おすすめ問題集】

新 運動テスト問題集、Ｊｒ・ウォッチャー28「運動」、29「行動観察」、30「生活習慣」

問題7　分野：運動（サーキット運動）

〈準備〉　ビニールテープ、三角コーン、ドッジボール

〈問題〉　**この問題は絵を参考にして下さい。**

（この問題は10人程度のグループで行う）

はじめに準備体操をします。私（出題者）と同じように体操をしてください。

①右手ブラブラ、左手ブラブラ

②右足ブラブラ、左足ブラブラ

③腰を回す、首を回す

それでは運動を始めます。お手本をよく見てそのとおりにやってもらいます。

①スタートの位置から、体育館を1周、全力で走ってください。

②ボールを左右の手で交互にドリブルします。コーンの回りを8の字に2周してください。

③青いテープの枠から先生に向かってボールを投げてください。2回行います。

〈時間〉　適宜

〈解答〉　省略

アドバイス

例年行われる運動テストです。運動の問題は、「指示をしっかりと理解して指示の通りにすればよい」というのは小学校受験のセオリーです。ボールのドリブルは、ボールの扱いに慣れていなければやや難しいかもしれません。不安であれば、日ごろの遊びにボール遊びを積極的に取り入れてください。また、この問題は1人ずつ行うため、他のお友だちが課題に取り組んでいる間は、座って待つことになります。自分の順番の前後で待つ態度も試験のポイントです。行動の出来具合で興奮したり落ち込んだりしない指導も必要でしょう。なぜ、そうしなければならないのか、理由も説明して納得できる指導をしてください。小学校受験では、運動能力そのものより課題に取り組む姿勢や、待つ態度などが重視されます。課題がしっかりできることよりも、指示を聞いていること、そしてリラックスして取り組むことが大事です。お子さまが楽しんで試験に取り組めるよう、まずはご家庭の学習環境から変えていきましょう。保護者の方は、お子さまに「結果はあまり気にせず、元気よくやりなさい」といった言葉をかけてください。その姿勢さえうかがえれば、悪い評価はされないはずです。

【おすすめ問題集】

新 運動テスト問題集、Ｊｒ・ウォッチャー28「運動」、29「行動観察」、30「生活習慣」

問題8　分野：行動観察

〈準備〉　なし

〈問題〉　**この問題の絵はありません。**

①いすの背に寄りかからずに姿勢を正して座ってください。

②おへその前で手を重ね、左右の親指を合わせてモモの実の形を作ってください。

③太鼓が１回鳴ったら目を閉じてください。もう１回鳴ったら目を開けてください。

〈時間〉　適宜

〈解答〉　省略

アドバイス

例年、行動観察の課題の１つとなっているのが、この問題です。「凝念（ぎょうねん）」とは、成蹊学園全体で行われている学生・生徒・児童たちに日々行うように指導した精神集中法ですが、これは「岡田式静座法」に座禅の一部を取り入れたものです。「凝念」という名称は成蹊小の創立者である中村春二が命名しました。その目的は、念を凝らす、つまり精神を集中する行為です。静座（椅子にかけても、立ってもよい）し、手を組み、目をつぶり、呼吸を整え、精神を統一させ、寸分も気を散らさずに集中します。これを実際の学習でも行っているようですので、入学前に知っておいても無駄にはなりません。試験前にしっかりと練習しておきましょう。

【おすすめ問題集】

Ｊｒ・ウォッチャー29「行動観察」

問題9　分野：行動観察

〈準備〉　新聞紙

〈問題〉　**この問題は絵を参考にして下さい。**

２人１組のチーム同士でじゃんけんゲームをします。

①２人１組になって広げた新聞紙の上に乗ります。

②相手チームとじゃんけんをします。

③じゃんけんに負けたチームは新聞紙を半分に折り、その上に乗ります。

④①～③を繰り返します。新聞紙が小さくなり、両足を乗せていられなくなったら、片足立ちやつま先立ちになってもよいです。

⑤新聞紙に立っていることのできなくなった方の負けです。

〈時間〉　適宜

〈解答〉　省略

アドバイス

園では「新聞紙じゃんけん」や「新聞島ゲーム」などと呼ばれている遊びです。じゃんけんの楽しさとともに、小さくなっていく新聞紙にいかに乗り続けることができるか、やっている当人はもとより、見た目にも楽しいゲームです。このゲームは１人同士で行うこともできますが、この試験のように複数人でチームを作って行うことで、考査としてもさまざまな観点が生まれます。試験で初めて会うお友だちと一つのチームになり、ある種、狭い空間で行動を共にすることになります。そんな状況で、同じチームの子を思いやりはげましながらゲームに参加できるか、またきちんと指示を理解したうえでの行動ができているかが観られています。ゲームに勝つためには、バランス感覚や運動能力はもちろん必要となりますが、それ以上に課題に取り組む姿勢や行動が大切だといえるでしょう。

【おすすめ問題集】

新 運動テスト問題集、Ｊｒ・ウォッチャー28「運動」、29「行動観察」、30「生活習慣」

問題10　分野：保護者面接

〈準 備〉　なし

〈問 題〉　**この問題の絵はありません。**

【母親へ】
・入学したら、どのようなことをやらせたいですか。
・お子さまはどのような行事で活躍できると思いますか。
・成蹊の教育、児童についてどう思いますか。
・しつけで気をつけていることは何ですか。
・公共交通機関を利用する際のマナーについて、どう考えていますか。
・（事前に記入した資料を見て）お子さまの得意なことについて、最近のできごとを詳しく教えてください。
・お子さまには当校でどのように成長してほしいですか

【父親へ】
・お父さまの仕事内容をお聞かせください。
・お子さまが家庭でルールや決まりをやぶったらどうしますか。
・どのようなルールがありますか。
・個性を伸ばすことについてどう考えていますか。
・お子さまに点数を付けるとしたら何点ですか。その点数を付けた理由も教えてください。
・（願書の内容より）スイミングをされていて、お家でも練習されているようですが、どのように関わっていますか。
・当校の魅力についてお聞かせください。

〈時 間〉　即答

〈解 答〉　省略

アドバイス

当校では試験日と別の日に２回、保護者面接が行われます。試験日の面接は約５分、２回目の面接は10分程度です。どちらも保護者に対して３人の面接官が質問します。２回目の面接の方が長い分、ご家庭の様子や学校について具体的な質問がされる傾向にあります。質問の内容としては、オープンスクールなどの行事への参加の有無、その行事についての感想は必ず問われるようです。ということは、試験を受ける以上、オープンスクールへの参加は必須と考えてよいでしょう。行事への参加はもちろん、感想を忘れずまとめておきましょう。ほかには家庭の教育方針、お子さまの得意科目、好き嫌いなどが例年の質問事項です。一般的によく聞かれることがほとんどですから、綿密な準備は必要ありません。当校のような難関校の面接では、マナーが重視されるとよく耳にしますが、本来の目的は志願者本人の資質と家庭環境を評価することです。マナーを守ることに囚われすぎず、家庭の教育方針や本人の希望など、伝えるべきことを面接官にきちんと伝えるようにしましょう。

【おすすめ問題集】
新 小学校受験の入試面接Ｑ＆Ａ、保護者のための面接最強マニュアル

問題11　分野：お話の記憶

〈準備〉　サインペン（青）

〈問題〉　お話をよく聞いて、後の質問に答えてください。

今朝は、とても良いお天気です。お姉さんのあきこさんがやってきて「ともや、天気が良いから出かけよう」と誘ってくれました。今日は、山の上にある公園でお祭りが開かれています。ご飯を食べたあと、その公園まで行くと、けん玉、竹とんぼ、竹馬、コマ回しのお店がありました。このお祭りは、昔ながらの遊びができることが特徴です。ともやくんが「どこのお店に行く？」と言うと、お姉さんが「ともやの好きなお店からでいいよ。」と言いました。何で遊ぼうか迷っていると、麦わら帽子をかぶった女の子が、とても上手にコマを回していました。２人はおじいさんに頼んでコマを借りました。お姉さんは学校でコマを回したことがあるので、簡単だと思いましたが、なかなかうまく回りません。すると、ひげを生やし、帽子をかぶったおじいさんが、自分の掌の上でとても上手にコマを回して見せてくれました。２人も真似をしてやってみますが、なかなかうまく回りません。するとおじいさんが「どれどれ、コマはこうすると回るよ」とていねいに教えてくれました。練習しているうちにうまく回るようになり、おじいさんにほめられました。「おじいさんありがとう。こんなにもうまく回せるようになったよ」と言って満足した２人はおじいさんにコマを返しました。すると、おじいさんは「お土産にコマをあげるよ。」と、２人にコマを渡してくれました。また、「頑張ったご褒美だよ、ハイ」と言ってりんごジュースを１本ずつと、「そうだ、飴もあげよう、君には２個、お姉さんには３個ね」と飴ももらいました。おじいさんと、大きくて横に広い木の下でジュースを飲んでいると、「ミーンミーン」とセミの鳴く声が聞こえてきました。「おじいさんが小さいときは、セミやバッタ、カマキリなども捕まえて遊んだのだよ。近くに森があったからね」とおじいさんが話をしてくれました。「秋になるとスズムシやコオロギの鳴く声を聴くとホッとするね」とお姉さんが言いました。「今度、セミやクワガタなどを捕りに来ようね。」と２人は約束をしました。

（問題11の絵を渡す）

①お店は何件ありましたか。その数だけ○を書いてください。
②遊びに行った公園はどこにありましたか。○をつけてください。
③コマ遊びを教えてくれたおじいさんはどれですか。○をつけてください。
④公園で上手にコマを回していた人はどれですか。○をつけてください。
⑤ジュースを飲んだのはどこでしたか。○をつけてください。
⑥おじいさんと飲んだジュースは何のジュースでしたか。○をつけてください。
⑦おじいさんにもらった飴の数は、２人で合わせていくつになりますか。その数だけ○を書いてください。
⑧このお話の次の季節はいつですか。○をつけてください。
⑨おじいさんが子どものころに捕まえたと言っていた虫はどれですか。○をつけてください。
⑩おじいさんが最初にどこでコマを回して見せましたか。○をつけてください。

〈時間〉　各10秒

〈解答〉　①○４つ　②右から２番目　③右から２番目　④右端　⑤左から２番目
⑥右端　⑦○：５つ　⑧右から２番目　⑨左端・真ん中・右端

⑩左から２番目

［2023年度出題］

アドバイス

このお話の記憶の問題は、男子に出された問題です。当校のお話の記憶は、長文であるのが特徴です。お話の内容をイメージしながら聞き、登場する人や動植物を記憶し、内容を把握していくようにしましょう。また、話の内容により、その後の話の展開による応用力もつけておかなければなりません。例えば、この問題の⑧の季節を問う問題ですが、直接いつの季節という文章はないものの、夏の虫の話が出ていました。類推すれば、このお話は夏の季節と導き出すことができます。さらに、「次の季節は」と問いかけ、２度にわたって考える問題です。読み聞かせをしたときに、記憶したものをストレートに答えになるのではなく、文章から判断をして、考えて答えを出すような、応用問題を出すなどを重ねることで力を付けていきましょう。

【おすすめ問題集】

１話５分の読み聞かせお話集①②、　お話の記憶 中級編・上級編、
Ｊｒ・ウォッチャー19「お話の記憶」、34「季節」

問題12　分野：お話の記憶

〈準備〉　サインペン（青）

〈問題〉　お話をよく聞いて、後の質問に答えてください。

男の子は、宇宙飛行士を目指しています。男の子はロケットに乗って宇宙の旅に出ます。ロケットには翼が2つついていて、中には強力なエンジンがついている超高速のロケットです。窓からは、外の様子が分かるようになっています。「さぁ、宇宙の旅に出発だ！」男の子は初めは不安でしたが、窓から見える宇宙の景色に見惚れて、どのような宇宙人に会えるのだろうか、とワクワクしてきました。最初の星に着くと、どこからか、太鼓やリコーダーの音が聞こえてきました。男の子は「なんて素敵な音だろう」と、うっとりして聴いていると、演奏をしていた2人の宇宙人が声をかけてきました。「こんにちは、ようこそおいでくださいました。音楽を聴きながら、この星でゆっくりしていってくださいね。」初めの星の宇宙人は、さまざまな曲を演奏してくれました。男の子は何曲か聴いた後、2人の宇宙人にお礼を言って、またロケットに乗り、次の星に向かいました。2番目に着いた星では、宇宙人が、怪我をしている生き物の手当てをしていました。その生き物は、「ホーホー」と鳴き、羽をパタパタさせていましたが、包帯を巻くとすっかり元気になったようです。もう1人の宇宙人は、ロケットをのぞき込んでいましたが、ロケットの中があまりにも散らかっているので、掃除をして、整理をしてくれました。ロケットの中の物は重いものがありましたが、軽々と持ち上げました。ベッドとソファではソファのほうが重く、ベッドと冷蔵庫では冷蔵庫のほうが重く、冷蔵庫とソファではソファのほうが重いのです。しかし、宇宙人は、1番重い物も軽々と持ち上げました。力持ちの宇宙人と優しい宇宙人にお礼を言って、男の子はまた、宇宙の旅に出ました。男の子は「今度はどんな宇宙人に会えるかな」と、胸がドキドキしていました。最後の星に到着です。ロケットから降りるととても良いにおいがしてきました。「何のにおいなのかな、おなかがすいてきた…」男の子はにおいのする方へ歩いていくと、2人の宇宙人がお料理をしていました。「こんにちは、ちょうどハンバーグが焼けたんだ。食べていかないかい？」と、誘われた男の子は嬉しくなり、「ありがとう、僕、ハンバーグが大好きなんだ」と言って2人の宇宙人の家に入りました。「僕は、レタスとニンジンのサラダを作るよ。」と言うと、宇宙人はとても喜びました。料理ができあがると、「さぁ、食べましょう。」と言って食卓につきました。「ハンバーグにはソースをかけよう。」と男の子が言うと、宇宙人の1人が「ハンバーグにはケチャップでしょう。」と言いだしました。男の子と、1人の宇宙人が言い争いになるところを、もう1人の宇宙人が呆れて見ていましたが、「ソースとケチャップを半分ずつかければよいでしょう。」と言い、半分ずつかけたので、言い争いにはなりませんでした。とてもおいしいハンバーグとサラダを食べました。もうそろそろ地球へ帰らなければなりません。「いろいろありがとう。ハンバーグがとてもおいしかったよ。」お礼を言った男の子はロケットに乗り地球に向かって飛び立ちました。振り返ると、宇宙人たちが手を振って見送ってくれ、とても嬉しい気持ちになりました。窓からは大きくて丸い月が見えました。地球に戻った男の子は、沈みかけた太陽と赤く輝いている空を見ながら、「次は家族も連れてこよう」と思いました。

（問題12の絵を渡す）
①男の子が乗ったロケットに○をつけてください。
②初めに出会った宇宙人が持っていた楽器に○をつけてください。
③2番目に着いた星で怪我をしていた生き物に○をつけてください。

④２番目の星で出会った宇宙人が持ち上げたもので、１番重いものに○をつけてください。
⑤２番目の星で出会った宇宙人が持ち上げたもので、１番軽いものに○をつけてください。
⑥男の子が作ったサラダの材料は何でしたか。○をつけてください。
⑦男の子が行った星は全部でいくつでしたか。その数だけ○を書いてください。
⑧男の子が見た月に○をつけてください。
⑨男の子が地球に帰ってきたのはいつでしたか。○をつけてください。
⑩男の子が地球に帰る時、どのような気持ちでしたか。○をつけてください。

〈時間〉　各10秒

〈解答〉　①左から２番目　②右端・右から２番目　③左端　④左端　⑤左から２番目
⑥左端　⑦○３つ　⑧右から２番目　⑨真ん中　⑩左端

［2023年度出題］

アドバイス

本問は、女子に出題された問題です。お話は長い方で、問題数も多いため、細かく聞き取れていることと内容を理解し記憶できていることが求められます。お話の記憶は、体験したことがある内容に近ければ近いほど、記憶に残りやすくなるといわれています。しかし、本問はファンタジー系の内容が出題されたため、難しく感じるお子さまもいるのではないでしょうか。このような問題には、学習とは別に、普段から絵本や童話などに触れる機会を多くつくり、体験できない内容にも慣れておくことをおすすめいたします。読み聞かせをした後は、そのまま終わりにするのではなく、どのようなお話だったか、お話を聞いてどう思ったか、お子さまにいくつか質問をしたり、感想を伝え合ったりするとよいでしょう。そうすることで、内容をより深く理解することができます。

【おすすめ問題集】
１話５分の読み聞かせお話集①②、　お話の記憶 中級編・上級編、
Ｊｒ・ウォッチャー19「お話の記憶」

家庭学習のコツ①　「先輩ママたちの声」を読みましょう！

本書冒頭の「先輩ママたちの声」には、実際に試験を経験された方の貴重なお話が掲載されています。対策学習への取り組み方だけでなく、試験場の雰囲気や会場での過ごし方、お子さまの健康管理、家庭学習の方法など、さまざまなことがらについてのアドバイスもあります。先輩ママの体験談、アドバイスに学び、ステップアップを図りましょう！

問題13　分野：図形（合成）

〈準備〉　サインペン（青）

〈問題〉　**この問題の絵は縦に使用して下さい。**
右側の形を使って左側の形を作ります。その時★の数だけ使いません。使う形に○をつけてください。また、右側の形を当てはめるときは、回転させたり、裏返しにしたり、重ねたりしてはいけません。

〈時間〉　２分

〈解答〉　下図参照

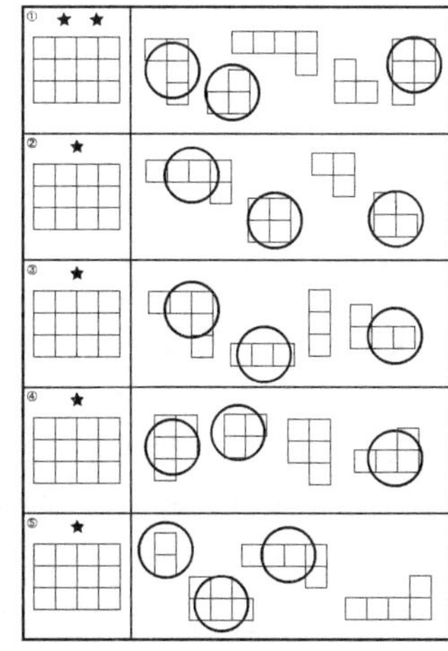

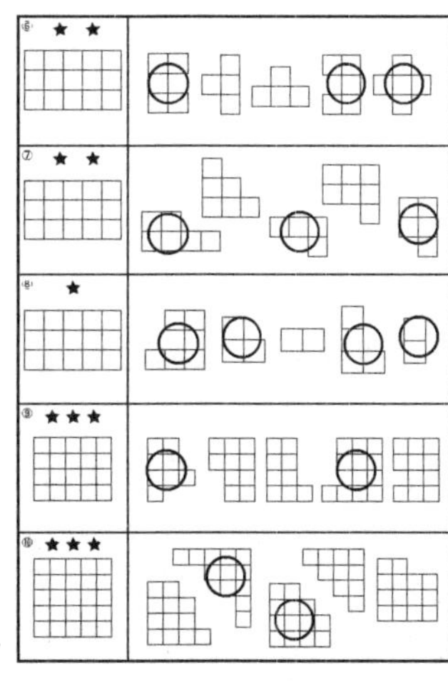

［2023年度出題］

アドバイス

図形の合成は、図形の形を頭の中でイメージできるようになるまで、具体物で練習を積むようにしてください。その際、初めは保護者の方も一緒に行い、パズル感覚で、お子さま自身が楽しめるとよいでしょう。繰り返し練習することで感覚をつかめるため、ミスも減らすことができます。また、実際の試験では、１問例題を解いてから問題に移るようです。最後まで集中して指示を聞いていなければ、例題とはどのことを指しているのか、星は何を表しているのかなど、問題を解く際に必要な情報を聞き漏らす可能性があります。例題を解く際はしっかりと確認をし、その場で問題の特徴を捉えるようにすると、解くスピードも上がるでしょう。時間が余るようであれば、選ばなかった形の数は星の数と一致しているかなど、見直しに充てるとよいでしょう。

【おすすめ問題集】
Ｊｒ・ウォッチャー９「合成」、54「図形の構成」

問題14　分野：図形（分割）

〈準備〉　サインペン（青）

〈問題〉　左側の形を点線で切ったとき、どのような形になりますか。その形に○をつけてください。切った方の形は向きが変わっているものもあります。１番上を一緒にやってみましょう。横半分に切ります。すると、上の右側が○、下の左側が上向きの矢印の２枚に分けられます。これを右に１回転させると、左から２番目の図形になります。ではほかの問題をやってください。

〈時間〉　２分

〈解答〉　①右から２番目　②左から２番目　③左から２番目　④左から２番目　⑤右端
⑥左から２番目　⑦右端　⑧左から２番目

［2023年度出題］

アドバイス

図形の分割の問題です。この問題は、まず、切ると何枚に分けられるのかをしっかりと理解できている必要があります。２回切ると３枚に、３回切ると４枚になり、切る回数と切った後の枚数は異なります。これがなかなか理解できない場合は、実際にお子さまに紙を切らせて、体験させるようにしてください。切る回数と切った後の枚数との関係性が理解できたら、次は図形を切るとどのような形になるかを理解させるようにしてください。正方形を縦に切れば長方形が２つでき、斜めに切れば三角形が２つできます。図形の切り方によって、できる形が変わるというものも、実際に手を動かして体験することで定着しやすくなります。また、切った形を組み合わせて別の形をつくる、合成の勉強もすることができます。同時に、当校での制作の問題でも使用する、ハサミの扱い方も学べますので、ぜひ実践してみてください。

【おすすめ問題集】
Ｊｒ・ウォッチャー45「図形分割」

家庭学習のコツ②　「家庭学習ガイド」はママの味方！

問題演習を始める前に、試験の概要をまとめた「家庭学習ガイド（本書カラーページに掲載）」を読みましょう。「家庭学習ガイド」には、応募者数や試験課目の詳細のほか、学習を進める上で重要な情報が掲載されています。それらの情報で入試の傾向をつかみ、学習の方針を立ててから、対策学習を始めてください。

問題15　分野：巧緻性（制作）

〈準備〉　ハサミ、セロハンテープ、箱２つ、ピンポン玉２つ
1つ目の箱に問題５の絵を入れる。
もう１つの箱に、（お友だちが作った）レーンを予め10枚ほど入れておく。

〈問題〉　**この問題の絵は縦に使用して下さい。**
（６人１グループで行う）
①箱から絵を出して、ウサギのところから黒い線に沿ってハサミで切り取ってください。
②点線を谷折りにしてレーンを作ってください。
③グループで集め、セロハンテープで貼り合わせて、長いレーンを作ってください。
④ピンポン玉２つを転がします。グループのお友だちと相談して工夫してください。
⑤うまく転がったら、もう１つの箱に入っているレーンをつなげて、ピンポン玉を転がしてください。

〈時間〉　10分

〈解答〉　省略

［2023年度出題］

アドバイス

制作の問題は、作品の出来よりも、お友だちとの強調性や備品の扱い方などを主に観ています。練習の際は、特にハサミの扱い方に問題がないかどうか、確認をしてください。刃物の扱い方を間違えると、それだけで不合格になってしまうこともあります。レーンは、グループのお友だちがそれぞれ作るため、切り方がばらばらで、作ったレーンを貼り合わせた時に、うまくピンポン玉が転がらないかもしれません。そのような時、どのような声かけをするでしょうか。お友だちの悪口や文句などは決して言ってはいけません。どのように工夫をして遊ぶのかポイントとなるため、積極的に発言しつつ、お友だちの意見を聞いている時の態度にも注意してください。また、切った後のゴミは、しっかりと片付けられていたでしょうか。特に指示は出ていませんが、試験官はこのような部分もよく観ています。日頃から自分で片付ける習慣をつけ、自然とできるようにしましょう。

【おすすめ問題集】
Ｊｒ・ウォッチャー23「切る・貼る・塗る」、25「生活巧緻性」
実践 ゆびさきトレーニング①②③

家庭学習のコツ③　効果的な学習方法～問題集を通読する

過去問題集を始めるにあたり、いきなり問題に取り組んではいませんか？　それでは本書を有効活用しているとは言えません。まず、保護者の方が、すべてを一通り読み、当校の傾向、ポイント、問題のアドバイスを頭に入れてください。そうすることにより、保護者の方の指導力がアップします。また、日常生活のさまざまなことから、保護者の方自身が「作問」することができるようになっていきます。

問題16　分野：行動観察（集団ゲーム）

〈準備〉　なし

〈問題〉　**この問題の絵はありません。**
これから４人１組でじゃんけんゲームを行います。
４人で何を出すか話し合って決めましょう。決めたら全員は同じものを出します。もし、相手と同じあいこだった場合は、またみんなで、何を出すか決めて、同じように相手とじゃんけんをします。

〈時間〉　適宜

〈解答〉　省略

［2023年度出題］

アドバイス

２日目に出された課題です。学校は、初対面のお友だちとどのようにコミュニケーションを取ろうとするのかを観ています。試験会場という環境で、初対面のお友だちと話し合いをするというのは、かなり緊張する時間だと思います。対策としては、公園で会ったお友だちと遊ぶなど、初対面のお友だちと関わりをもつ機会を多くつくってあげることをおすすめいたします。また、話し合いの時は、グループ全体の意見を聞くように心がけましょう。仮に自分と異なる意見のお友だちがいても、途中で話の腰を折ったり、否定したりせず、最後まで聞くようにしてください。

【おすすめ問題集】
Ｊｒ・ウォッチャー29「行動観察」

問題17　分野：行動観察

〈準備〉　セロハンテープ、コーン２個（適当な位置におく）、
スズランテープ（首からぶら下げられるように結ぶ）、
紙テープ（４人が入って歩ける長さの輪を作っておく）

〈問題〉　**この問題の絵はありません。**
この紙テープの中に入って電車ごっこをします。４人で初めに誰が運転手になるか決めてください。運転手になった人は、スズランテープを首からぶら下げて、出発します。初めのコーンを１周してから先に進みます。帰りは、運転手は１番後ろに行き、２番目に並んでいた人が運転手になります。２つ目のコーンを回って帰ります。帰るときは、来た時と同じようにコーンを回ります。紙テープが切れたときはセロハンテープでつないでください。

〈時間〉　適宜

〈解答〉　省略

［2023年度出題］

アドバイス

集団行動は思いがけないことが起きたりしますが、惑わされることなく、落ち着いて行動するようにしましょう。そのためには、はじめてのことに挑戦するなど、さまざまな体験をさせ、その際の様子を保護者の方がしっかりと確認しておいてください。また、終わった後、4人が入っていた紙テープや運転手がぶら下げていたテープはどのように扱ったでしょうか。床に置いていったり、投げたりせず、試験官に手渡しをしましょう。また、その際にお礼も一言添えられるとなおよいと思います。指示がなかったからと、観点には入っていないと考えるのは間違えた対策になります。さらに、このような動作は、試験の直前に対策しても身につくものではありません。特に、コロナ禍以降の入試では、重要な観点の一つとなっていますので、日常生活を通して、どのように育てられてきたのかが観点であると考え、日頃から習慣にするようにしましょう。

【おすすめ問題集】
Ｊｒ・ウォッチャー29「行動観察」

問題18　分野：運動

〈準備〉　コーン（黄色のテープより10mくらい前の地点）、黄色のテープ、赤のテープ（黄色のテープより2mくらい前の地点）

〈問題〉　**この問題の絵はありません。**
黄色い線から走ります。コーンを回って戻ってきてください。もし黄色の線で止まることができなかった時は、そのまま少し走って回り、赤い線のところで止まってください。

〈時間〉　適宜

〈解答〉　省略

［2023年度出題］

アドバイス

ゴールで止まることができなかった時の指示が出ていますが、聞き取ることができたでしょうか。このような指示が出ることは予想もしていなく、速く走ることだけを考えていると、指示を聞き漏らしてしまい減点の対象になりかねません。また、スタート地点とゴール地点が同じ黄色の線です。コーンを回ってからは、黄色の線の手前に赤の線があり、しっかりと聞いていないと、ゴールの位置を勘違いする可能性があります。本番でどのような指示が出るのか分かりませんので、話は必ず最後まで聞くように習慣をつけましょう。また、走る速さは関係ありません。走るのが苦手な場合でも、最後まで一生懸命走りきることが大切です。

【おすすめ問題集】
新 運動テスト問題集、Ｊｒ・ウォッチャー28「運動」

問題19　分野：運動

〈準 備〉　ドッジボール用のボール、テープ、コーン４つ（テープの前後５ｍくらいの位置に、1.5ｍくらいの間隔を空けて２つずつ置く）

〈問 題〉　**この問題の絵はありません。**
①テープからボールをつきながら、右側のコーンに向かって走って移動します。
②右側のコーンを回ったら、左側のコーンの間を通り、テープまでボールをついて移動します。
③テープまで戻ったら反対側のコーンに向かい、同じ事を繰り返してください。

〈時 間〉　適宜

〈解 答〉　省略

［2023年度出題］

アドバイス

ドリブルをしながら進み、コーンの間を通るという問題です。進む道順やコーンの通り方も細かく決められていますので、集中して聞くようにしましょう。また、ドリブルは、女の子の方が苦手な子が多いという傾向があります。途中で失敗してボールが転がってしまっても、すぐに取りに行って再開しましょう。ドリブルの出来よりも、諦めずに挑戦する姿勢を観ています。練習では、どのくらいの強さでつけばどのくらいの高さまで上がるのか、何回も繰り返して体で覚えていくようにしてください。その際は、叱るとやる気がなくなってしまうため、小さなことでも褒めて、運動を嫌いにさせないように工夫しましょう。場所は、公園などでも練習できますが、できれば地面が平らな場所を選んでください。家の中では対策できない分野ですので、気分転換も兼ねて場所を変え、練習を重ねていきましょう。

【おすすめ問題集】
新 運動テスト問題集、Ｊｒ・ウォッチャー28「運動」

問題20　分野：運動（ボール投げ）

〈準 備〉　ボール、メジャー、テープ

〈問 題〉　**この問題の絵はありません。**
ここにあるボールを、テープの位置から遠くまで投げてください。

〈時 間〉　適宜

〈解 答〉　省略

［2023年度出題］

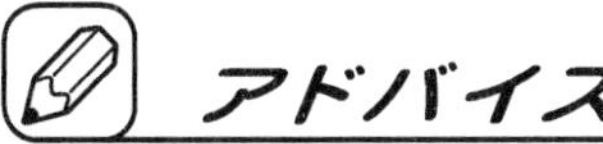

アドバイス

シンプルな問題で、特に他に指示は出ませんでした。ただ、指示を聞いている時や待っている時の態度はいかがだったでしょうか。別のところを見ていたり、他のお友だちと話していたりしてはいけません。簡単な内容だからといって、ダラダラとやったり、ふざけたりせず、一生懸命取り組みましょう。年齢相応の体力と運動能力があれば問題はありませんが、休みの日に公園でキャッチボールをするなど、遊びの一環として対策することも可能です。ただ、この問題に限らず、簡単な動きでも構いませんので、運動は毎日するようにしてください。体を動かすことで、ストレスの発散もできます。また、集中力や体力もつくためペーパー対策にも役立ちます。

【おすすめ問題集】
新 運動テスト問題集、Ｊｒ・ウォッチャー28「運動」

問題21　分野：保護者面接

〈準備〉　なし

〈問題〉　**この問題の絵はありません。**

【父親へ】
・学生時代に小学校の生徒を見てどのように感じていましたか。（成蹊学園出身者の場合）
・やさしさを育むために家庭内で意識してやっていることはありますか。
・お子さまは当校でどのように育ってほしいですか。
・お子さまはどのようなことに興味を持っていますか。
・お子さまに苦手なものがあった時はどのように声をかけていますか。
・当校に何を求めたいですか。

【母親へ】
・成蹊学園について何か話を聞いていることはありますか。（身内に成蹊学園出身者がいる場合）
・お子さまは当校をどのように思っていますか。
・お子さまが持っている優しさを感じたのはどのような時か。
・オープンスクールでの生徒の様子を見て、どのように感じられましたか。
・当校でお子さまのどのようなところを伸ばしたいですか。
・ご家庭で大切にしている行事はどのようなことですか。

〈時間〉　15分程度

〈解答〉　省略

［2023年度出題］

アドバイス

保護者面接は、コロナ禍になってから、家庭の躾について、お子さまとの過ごし方などが多く質問されています。この背景には、コロナ禍になり、お子さまの成長に保護者の方の考え、躾感がより大きく影響していることが挙げられます。しかし、面接だからといって、特別に構えることはありません。面接用の回答を用意するのではなく、普段していることを面接で話せばよいです。普段していること、考えておられることを、自信をもって、堂々と回答してください。面接は回答した内容だけを観ているのではなく、回答に背景があるかも観ています。つまり、面接用に用意した内容か否かはすぐに見破られるということです。ですから、考えて回答をするのではなく、普段していることを回答するということになります。詳しい面接の対策は、弊社発行の「新 小学校受験の入試面接Q＆A」並びに、「保護者のための面接最強マニュアル」に記載しておりますアドバイスを熟読してください。

【おすすめ問題集】
新 小学校受験の入試面接Q＆A、保護者のための面接最強マニュアル

問題22　分野：お話の記憶

〈準備〉　ラッションペン（青）

〈問題〉　お話をよく聞いて、後の質問に答えてください。

秋が過ぎて、寒い日が続くようになりました。今日から、家族全員で、山の麓にあるおじいさんとおばあさんのお家へ泊まりに行きます。車が出発すると、ゆいさんは、お母さんとしりとりを始めました。ゆいさんが「リンゴ」と言うと、お母さんは「ゴリラ」、ゆいさんが「ラッコ」、お母さんが「コアラ」、と言った後、ゆいさんは、元気よく答えましたが、すぐにお母さんから、「残念、ゆいの負けね。」と言われてしまいました。「あーあ。じゃあ、次はなぞなぞよ。」と少し悔しそうに言うと、「今度は、お母さんからね。入口が1つだけど、行き止まりが5つのものは、なーんだ。」ゆいさんが、答えに困っていると、「お父さんもお母さんも持っていて、今日みたいに寒い日には必要なものよ。」とヒントを出してくれました。その答えを考えているうちに、おじいさんの家に到着しました。おじいさんとおばあさんが出てきて、「ゆいちゃん、よく来たね。今日は、いとこのなおき君とお母さんも来ているよ。」と教えてくれました。おばあさんは、早速、夕ご飯の支度を始めました。材料には、ニンジン、タマネギ、ジャガイモが用意されています。ゆいさんは、今晩のメニューを考えながら、スプーンをひとつずつ並べるお手伝いをしました。しばらくすると、なおき君が「シチューだ。大好きなブロッコリーもある。」と喜びです。みんなでおいしく、夕飯をいただきました。次の日は、朝からすっかり晴れていましたが、夜の間に雪が降り、あたり一面真っ白です。なおき君は、朝から大喜びで、「ゆいちゃん、雪だるまを作ろうよ。」と、外へ飛び出しました。お父さんも、急いで外に出て、「お父さんは、かまくらを作るよ。」と言って、雪を固め始めました。ゆいさんとなおき君も、雪を転がして、大きな雪だるまを作りました。雪だるまの目には石を2つ、口は枝を、鼻は家から持ってきたミカンを使いました。頭にはバケツを載せ、最後に、なおき君は、自分のマフラーを雪だるまに巻いてあげました。「かまくらもできたよ。」と、向こうから、お父さんの声も聞こえてきました。おじいさんは、ニコニコしながら、小さいテーブルをかまくらに入れると、

お母さんとおばあさんが、おしるこを持ってきてくれました。おしるこを食べた後は、みんなで雪遊びをして、楽しく過ごしました。

（問題22の絵を渡す）

①車の中で、お母さんとしりとりをした時、最後にゆいさんが言ったものは、何だと思いますか。○をつけてください。
②お母さんがなぞなぞで出した答えは何だと思いますか。○をつけてください。
③雪遊びをした時のお天気に、○をつけてください。
④ゆいさんたちが作った雪だるまに、○をつけてください。
⑤ゆいさんたちが、かまくらの中で食べたものに、○をつけてください。
⑥夕ご飯のお手伝いの時に、ゆいさんが並べたスプーンは、いくつだったでしょうか。その数だけ○で囲ってください。
⑦夕ご飯で食べたシチューには入っていなかったものに、○をつけてください。
⑧このお話の次に来る季節に当てはまる絵に、○をつけてください。

〈時 間〉　各15秒

〈解 答〉　①左端　②右端　③左端　④左から２番目　⑤右から２番目
⑥スプーン７つに○　⑦右から２番目　⑧左から２番目

［2022年度出題］

アドバイス

場面展開も多い上に、お話の中には解答が説明されない問題もあります。また、お話の流れ通りに出題されていないため、内容と場面ごとの様子をしっかりと把握していないと解答は混乱します。お話の季節は、冒頭に説明があり、わかりやすかったのですが、問題では、その次の季節の解答を求めています。しりとりやなぞなぞの答えは、お話をされている途中で、お子さま自身がその答えを考えてしまったら、その後に続くお話の内容が耳に入らなくなってしまいます。お話を聴き内容をしっかり把握することと、その後の問題の答えを探すことの作業を分けておくことです。かなり高度な長文の記憶問題と言えます。また、筆記用具のラッションペンも使い慣れておく必要があります。

【おすすめ問題集】

１分５話の読み聞かせお話集①②、お話の記憶　初級編・中級編・上級編、
Ｊｒ・ウォッチャー19「お話の記憶」、34「季節」、49「しりとり」

問題23　分野：推理思考（系列）

〈準備〉　ラッションペン（青）

〈問題〉　（3枚プリントを配ります。）
1枚目のプリントを見てください。
☆（星）と☆の間に◆（黒ひし形）、○（丸）、▲（黒三角）、□（四角）の形が、お約束通りに並んでいます。よく見ると、☆が来るたびに、形の数が変わっていきます。そして、その先のトンネルの中もこのお約束通りにこれらの形が並んでいきます。この1枚目の並び方がお約束です。この時、点線の四角にはどの形が入りますか。その形を書き込んでください。では、2枚目の一番上の四角のところを、先生と一緒にやってみましょう。点線の四角の中に入る形は、○の次ですから、▲になります。ただし、3枚目では、このお約束の通りに並んだものが、逆さまになってしまっているものもあります。それぞれの形の上に引かれた点線とまっすぐな線をよく見ると、逆さまになっている絵がわかります。

〈時間〉　2分30秒

〈解答〉　①▲　②○　③◆　④○　⑤左：◆　右：□　⑥▲　⑦左：◆　右：□

[2022年度出題]

アドバイス

この問題は、かなり難解な問題です。法則がわかったでしょうか。始めは、☆から始まり、どの形もみな1つずつ並んでいますが、次の☆が来たら、黒い形だけが1つずつ増えて、白い形の数は変わらずそのまま、また次の☆が来たら、今度は白い形だけが1つずつ増え、黒い形の数は変わらずそのまま、星を境に、色別で交互に数が1つずつ増えていく、というものです。3枚目に関しては、逆さまになっている出題もあり、左右逆転して考えないといけません。また、解答では、特にひし形は書き慣れておく必要があります。ここまでの難題が出されるということは、全問正解を求めているのではなく、どれほど難しい問題でも投げ出さず、どこまでねばり強く考え抜く姿勢があるかを観ていると考えてください。

【おすすめ問題集】
Ｊｒ・ウォッチャー6「系列」、31「推理思考」

問題24　分野：図形（構成）

〈準 備〉　ラッションペン（青）

〈問 題〉　（プリントを２枚配ります。）
左の形を右にある形を使って作ります。その時に使わない形がいくつかあります。使わない形の数は、左の形と右の形の間に書いてある星の数の分だけあります。右の中から、使わない形に○をつけてください。１枚目のプリントの一番上の四角にある問題を、先生と一緒にやってみましょう。左の形を作る時に、まず、絶対に入らない形を考えます。星は２つあるので、入らない形が２つあるということです。右にある形を当てはめていって、入らないものは、三角形と台形になります。この２つに○をつけます。では、これと同じように、残りの問題を全てやってください。

〈時 間〉　５分

〈解 答〉　下図参照

［2022年度出題］

アドバイス

使用される形は、一番小さい正三角形を基本に、２つで菱形、３つで台形、６つで六角形になります。この問題が難しかったお子さまは、まずは、問題の図形をいちばん小さい緑の三角形に分割することを、具体物を使ったり、ペーパー上で線の書き入れをして練習しましょう。次に、三角形がいくつ使われているか、数を考えます。解答欄の図形も、全て緑の三角形に分割します。こうなると、数の合成問題です。これが理解できたら、緑の三角で分割した線の上から、菱形で区切ります。もう一度、場所を変えて、菱形に区切ってみる、次に台形に区切ってみる、このような練習を重ねることで、理解は深まっていきます。あとは、星の数だけ、使わないものに○をつけることを忘れないように気をつけましょう。

【おすすめ問題集】
Ｊｒ・ウォッチャー９「合成」、45「図形分割」

問題25　分野：巧緻性（制作）

〈準 備〉　スリッパの型紙・綴りひも・ハサミ・スティックのり・道具箱
黒丸のところは穴を開けておく。使用するものは道具箱の中に入れておく。

〈問 題〉　①引き出しの中から、道具箱を出して机に置き、中から、スリッパの型紙など、全て取り出してください。
②型紙の線に沿って、ハサミで切り取ってください。
③切り取ったら、黒い部分の穴と白い部分の穴が合うように山折りし、スティックのりを使い、貼り合わせてください。
④スリッパの形になるように、貼り合わせた部分は、足の甲を包むようにして、足底のところの線に沿い折り目をつけてください。
⑤つま先の方の穴の裏側から、綴りひもを左右から通してください。右から出たひもは次に左の穴へ、左から出たひもは右に、表から通し、バツの形にしてください。
⑥同じように、裏側も反対側の穴に裏からひもを通し、表にひもを出してください。
⑦最後にひもを固結びし、机の右上に置いてください。最後に、使い終わった道具と、紙くずを道具箱に入れてください。

〈時 間〉　10分

〈解 答〉　省略

［2022年度出題］

アドバイス

材料は、作業しやすいように机に置きます。型紙通りに切り取り、切れ端は小さく畳み、机の左上あたりにまとめて置いておきます。用意されているのは、右利き用のハサミのみです。スリッパの甲の部分は、黒と白の部分の境目を折り、穴を合わせ、折り目をしっかりつけます。のりは、先ほどの切れ端を下に敷いて、机にのりがつかないようにします。そして、剥がれないようしっかり貼り合わせます。使ったのりは、のり部分を筒内に戻してキャップし、転がらないよう立てておくことも気をつけます。ここで、一度、「止め」の合図が入ります。ひも通しは、裏からひもを通し、左右の長さを表で揃えてから作業します。作品を置く位置、作業後の道具箱への片付けまで指示されていますので、しっかりと聞き取り、きちんとていねいに作業をすることが肝心です。

【おすすめ問題集】
実践 ゆびさきトレーニング①②③、Ｊｒ・ウォッチャー23「切る・貼る・塗る」、25「生活巧緻性」

問題26　分野：行動観察

〈準 備〉　なし

〈問 題〉　**この問題の絵はありません。**
起立して、おへその前で、両手で桃の形を作り、鐘の音が２回鳴ったら目を閉じる。次の鐘の音まで、じっと目を閉じ姿勢を保つ。鐘の音が１回鳴ったら、目を開ける。

〈時 間〉　各30秒

〈解 答〉　省略

［2022年度出題］

アドバイス

男女共に行われる、当校ならではの「凝念（ぎょうねん）」というものです。座禅の一部を取り入れており、呼吸を整え、精神を集中させることにより、心穏やかになることを目的とします。ただし、座禅のように正座ではなく、起立したまま行われることや、途中で先生が、わざとペンを落とすなど、集中を欠く行為を行いますので、これに惑わされず、次の鐘１回が鳴るまで、ふらふらせず、目をつむり、しっかり立っていられることが肝心です。お子さまですので、静かな教室で目を閉じている時に、突然ペンが落ちた音が聞こえたら、びくっとなって、目を開けてしまうでしょうが、ここは「集中」して、頑張りましょう。

【おすすめ問題集】
Ｊｒ・ウォッチャー29「行動観察」

問題27　分野：集団行動

〈準備〉　ゼッケン、ボール

〈問題〉　**この問題の絵はありません。**
「とんだ、とんだゲーム」
先生が「と一んだ、とんだ」と言ったら、子どもたちは「なーにがとんだ」と返してください。そのあと先生が言ったものに変身して、各自思い思いに真似をします。途中、「ウサギ、チョウチョ」のように立て続けに２つの指示をすることがありますが、その場合は、ウサギの跳ねる真似に続き、チョウチョの飛ぶ真似をしてください。

〈時間〉　５分

〈解答〉　省略

［2022年度出題］

アドバイス

この問題は、とても楽しく行うことができるでしょうが、ふざけてはいけません。お子さまには、メリハリをつけて行動するよう指導しましょう。まずは、お子さまが恥ずかしがらずに「なーにがとんだ」と元気よく言えることが大切です。先生からの指示は、「ウサギ・カエル・バッタ・カラス・飛行機・ヘリコプター」などのほかに、「綿毛や魔法使い」などもあります。魔法使いはなんとかできても、綿毛はどのように表現するでしょうか。このように思いがけない指示を出されても、戸惑って周りの動きを見るのではなく、自発的に体を動かす積極性や勇気も必要です。コロナ禍で、大きな行事体験も少なかったでしょうが、正解はありませんので、他のお子さまとの距離感を保ちつつ、元気よく楽しく行いましょう。

【おすすめ問題集】
Ｊｒ・ウォッチャー29「行動観察」

問題28　分野：行動観察

〈準備〉　なし

〈問題〉　**この問題の絵はありません。**

体を使ってじゃんけんゲームをします。
グーはしゃがんで体を丸めてください。チョキは、手は上下、足は前後に開いてください。パーは両手足を広げてください。先生とじゃんけんをして、「勝ってください」、「負けてください」、「あいこになってください」という指示を出すので、それに従って、体を動かしてください。

〈時間〉　5分

〈解答〉　省略

［2022年度出題］

アドバイス

体じゃんけんのポーズは、一般的であるので、すぐに指示通りに体を動かすことができると思います。先生とのじゃんけんは、「勝つ」は反射的にすぐ理解でき、体も動かせると思いますが、「負ける」となると、瞬時に正しく体を動かすことは難しいのではないでしょうか。仮に間違えてしまったとしても、人に左右されたりすることなく、視線は先生の方向のみで、自分の力で一生懸命やり通すことが大切です。また、集中力が切れて、ダラダラと行うのもよくありません。指示が出たら、できるだけ早く動きましょう。体での表現なので、萎縮することなく、大らかな動きができることが望ましいです。

【おすすめ問題集】
Ｊｒ・ウォッチャー29「行動観察」

問題29　分野：運動

〈準備〉　三角コーン2個・ライン用テープ

〈問題〉　**この問題の絵はありません。**

①真ん中にラインが引いてありますので、ここから走り始めてください。
②ラインの前方と後方に三角コーンが置いてあるので、まずは、前方のコーンを左回りで走ってください。
③ラインまで戻ったら、そのまま後方のコーンも左回りで走ってください。
④スタートラインを通り過ぎるまで、全力で走ってください。

〈時間〉　1分

〈解答〉　省略

［2022年度出題］

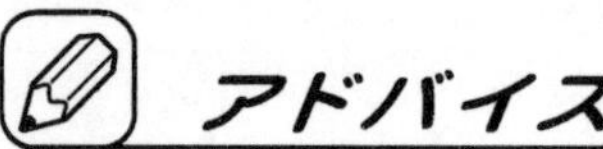

アドバイス

いわゆる、かけっこの問題ですが、三角コーンのコーナー箇所で大回りをすれば、その分時間のロスになりますし、ギリギリを全速力で走り抜くには、急カーブですので、加減が必要です。また、ひとつ目の三角コーンを回り、中央のラインが見えてきたとき、なんとなくゴールのような気になり、スピードダウンしないよう、コーンは２つ回ることも意識して一生懸命走りましょう。待機や終了後の様子も観られています。一生懸命走りぬくことと、自分の番以外の時のきちんと待つこととの切り替えができるようにしましょう。

【おすすめ問題集】
新 運動テスト問題集、Ｊｒ・ウォッチャー28「運動」

問題30　分野：運動

〈準 備〉　大小三角コーン各２個、ライン用テープ、ボール
（大きいコーンの右側に間を１ｍくらい空け、小さいコーンを１つずつ置く）

〈問 題〉　**この問題の絵はありません。**

①真ん中にラインが引いてありますので、ここからドリブルを始めてください。
②ラインの前方と後方に大小の三角コーンが間を空けて置いてあるので、ドリブルの際は、この間を通ってください。
③１周目は、スタートから８の字を描くように左回りにドリブルをしてください。
④スタートラインへ戻ってきたら、２周目は、右回りで８の字でドリブルをし、中央のラインに向かってください。
⑤途中、ボールを転がしてしまったら、先生からボールを受け取り、そこから続けてください。

〈時 間〉　適宜

〈解 答〉　省略

［2022年度出題］

アドバイス

例年出題されるドリブルです。かなり長い距離のドリブルなので、十分に練習をしておく必要があります。お子さまの傾向として、ボールを叩く力が弱く跳ね返りが不十分であること、ボールの十分な跳ね返りを待たずボールを突くため、屈んだ姿勢になり、その為、地面との距離がどんどん近くなり、かえって突く回数が増え失敗してしまう、というケースが考えられます。まずは、その場でしっかりとボールを突く練習をしましょう。手のひらは、ボールの形に合わせ、少し丸めて、地面に向かって多少力を入れて突いてみましょう。すると、思った以上に跳ね返ってくるはずです。この跳ね返ったボールを自分の腰から胸の高さのあたりで、また突き返す練習をして、連続でできる回数を増やしていきましょう。

【おすすめ問題集】
新 運動テスト問題集、Ｊｒ・ウォッチャー28「運動」

問題31　分野：運動

〈準 備〉　ソフトボール（ハンドボール大）、ライン用テープ

〈問 題〉　**この問題の絵はありません。**
四角く囲まれたエリアから、５メートルくらい先に立っている先生に向かって、ボールを投げます。２回投げて、距離を測ります。

〈時 間〉　２分

〈解 答〉　省略

［2022年度出題］

アドバイス

この運動考査も、当校独自のもので、よく出題されます。いわゆる「遠投」です。野球をやっているお子さんは得意でしょうが、ほとんどのお子さんは、なかなかボールを遠くに投げる機会や経験もないでしょう。ボールの投げ方は、野球番組などで、ピッチャーの投げ方を画面で確認しましょう。同じような動きが簡単にできずとも、イメージ作りは大切です。あとは、練習を重ね、ボールを遠くに飛ばすより、投げ方を体で覚えていくことです。家の中での練習では、新聞紙などを丸めて、的を作り、できる限り遠くへ飛ばせるように環境作りをしてあげてください。的に点数をつけて、親子で点数の競い合いなどができれば、もっと楽しく練習できます。

【おすすめ問題集】
新 運動テスト問題集、Ｊｒ・ウォッチャー28「運動」

問題32　分野：保護者面接

〈準 備〉　なし

〈問 題〉　**この問題の絵はありません。**

【父親へ】
・当校の魅力を感じているところをお話しください。
・お子さまは、当校に来たことがありますか。
・子育てで、一番大切にしていることは何ですか。それは、当校の教育方針と一致していると思われますか。（母親へも同じ質問あり）
・休日は、お子さまとどのように過ごしていますか。
・今、お子さまが頑張っていることは何ですか。
・当校の動画を観て、どこに興味を持たれましたか。
・ご家庭では、どのような行事を大切にされていますか。
・将来どうなってほしいと思われますか。

【母親へ】
・本校の教科で興味を持たれた教科は何ですか。
・当校の学校説明会で感じたことをお話しください。
・当校で、お子さまがやってみたいと言っていることは何ですか。
・子育てで、気を付けていることをお聞かせください。
・どのような時に、お子さまの成長を感じますか。
・お子さまを褒める時・叱る時に、気を付けていることは何ですか。
・当校の書籍「成蹊小学校の教育」をお読みになりましたか。その感想をお聞かせください。
・お子さまとお父さまは、普段どのように過ごしていますか。

〈時 間〉　8分

〈解 答〉　省略

［2022年度出題］

アドバイス

先生３名に対し、保護者のみの面接です。願書に書かれたことに基づき聞かれたり、webでの感想や当校の書籍に対しての感想なども聞かれたりするため、事前にしっかりと当校の教育方針やカリキュラムを学び、ご両親の方針や考え方を統一しておくとよいでしょう。ご家庭と当校の教育方針の一貫性は問われるので、具体的な話を添えて、説明できるとよいです。願書はコピーをとっておき、ご自身の書いた内容をしっかり把握し、どちらの点からの質問にも慌てることなく答えられるようにしておくことも基本です。発言する際は、目線があちこちに動いてないか、早口になってないか、一度、録画で確認されることもおすすめいたします。面接では、お子さまより、保護者の方の焦りが出てしまいがちですので、落ち着いて取り組めるように、練習を重ねて慣れておきましょう。

【おすすめ問題集】
新 小学校受験の入試面接Q&A、保護者のための入試面接最強マニュアル

問題33　分野：お話の記憶

〈準 備〉　青色のサインペン

〈問 題〉　お話をよく聞いて、後の質問に答えてください。

明日はタロウくん一家が山に登る日ですが、今日は雨です。学校から帰ってくるとお兄さんのヒロシくんが「明日晴れるように、てるてる坊主を作ろう」と言いました。タロウくんは２つ、ヒロシくんは３つ、てるてる坊主を作りました。朝起きると、てるてる坊主が活躍してくれたせいか、雲１つない青空になりました。お父さん、お母さん、タロウくん、ヒロシくんは車で山のふもとまでお父さんの運転する車で行き、山に登り始めました。しばらく歩くとなんだかタロウくんは疲れてしまったので、赤い葉っぱがひらひらと落ちてくる木の下で休むことにしました。お母さんが「これを飲みなさい」と水筒を渡してくれました。それを飲んで少し元気になったタロウくんが「これは何の木なの」とお父さんに聞くと、お父さんは「これはモミジの木だよ。この季節になるとこんなふうに葉っぱが赤くなるんだ」と言いました。ヒロシくんはタロウくんに「これをあげるよ」と言って、レモン味のアメを１つくれました。アメを食べるとタロウくんは元気になり、また山を登り始めました。30分ぐらい登ると頂上に着きました。そこから周りの山や下を見ると、赤や黄色のきれいな葉っぱがたくさん見えます。お父さんに聞くと、「黄色いのはイチョウの葉っぱだよ」と教えてくれました。山を降りたところにある公園の広場でお昼ごはんを食べることになりました。お腹が空いていたタロウくんは、おにぎりを２つと卵焼きを２つをぺろりと食べ、さらに３本目のウインナーを食べようとしたところでお母さんに「食べ過ぎないようにしなさい」と注意されました。タロウくんは「はーい」とちょっと不満そうに答えました。

（問題33の絵を渡す）

①タロウくんが山登りをした季節と同じ季節に咲く花を選んで○をつけてください。

②タロウくんはウィンナーを何本食べましたか。その数だけ○を書いてください。

③タロウくんとヒロシくんはてるてる坊主を全部でいくつ作りましたか。その数だけ○を書いてください。

④ヒロシくんがタロウくんにくれたアメの味と同じくだものを選んで○をつけてください。

〈時 間〉　各30秒

〈解 答〉　①左端（コスモス）　②○２つ　③○５つ　④右から２番目（レモン）

［2021年度出題］

アドバイス

当校のお話の記憶の問題といえば、長文のお話に関係のない問題が出題される、といった小学校受験ではやや難しい問題だったのですが、この問題はそれに比べるとやや簡単になっています。お話を聞いていれば誰でも答えられるという問題ではありませんが、ポイントを整理しながら、お話の場面をイメージしつつ、ストーリーを聞いていけば自然に頭に入ってきます。なお、当校の問題の傾向として、お話に登場したものの数や順序はよく聞かれることがあります。余裕があれば注意しておいてください。そのためにも、基礎となる読み聞かせを毎日行い、しっかりとした聞く力、集中力、想像力、語彙力、記憶力を身につけましょう。

【おすすめ問題集】

1話5分の読み聞かせお話集①・②、お話の記憶 初級編・中級編・上級編、
Ｊｒ・ウォッチャー19「お話の記憶」、34「季節」

問題34　分野：図形（対称・重ね図形）

〈準備〉　青色のサインペン

〈問題〉　左の四角を見てください。♠の下の形は下にパタンと折り返し、◆の下の形は右にパタンと折り返します。これがこの問題のお約束です。それぞれの段の左の形をお約束のとおりに折り返した時、右の四角のどの形と重ねるとマス目がすべて黒くなりますか。選んで○をつけてください。

〈時間〉　各30秒

〈解答〉　下図参照

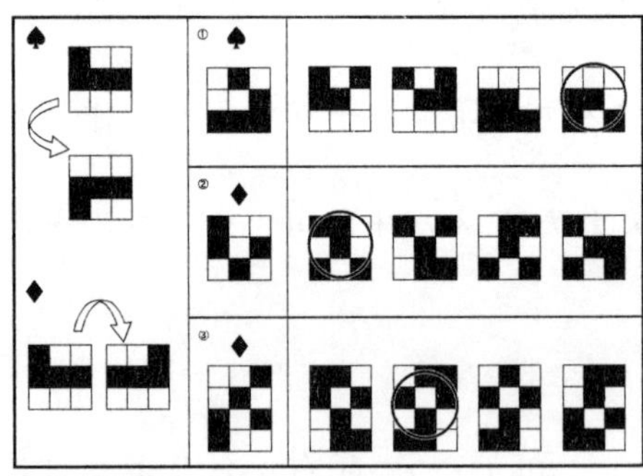

［2021年度出題］

アドバイス

お約束という形で指示が出されている図形問題です。要は「左の図形を水平か垂直に反転させ、重ね合わせた時に全部のマスが黒くなるものは右の形のどれか？」という問題なのですが、慣れていないと何を聞かれているかさえわからないかもしれません。当校の図形や推理といった分野の問題は、ある程度の対策を行っていることが前提になっているので、このようなややひねった聞き方をしてくることがあります。対策としては、「反転すると、この形はこうなる」といったことがイメージできる程度に図形に慣れておくことです。そのためには、類題を数多く解くことが必要になるでしょう。

【おすすめ問題集】

Ｊｒ・ウォッチャー８「対称」、35「重ね図形」

問題35　分野：推理（座標の移動）

〈準備〉　青色のサインペン

〈問題〉　１番上の四角を見てください。ハチが花まで飛んでいく時のお約束が書いてあります。例えば、サクラが描いてある四角を見てください。ハチが上に進み、次に右斜め上に進むというのがサクラが描いてある時のお約束ということになります。それぞれの段の左の四角のお約束のようにハチが飛んだ時、ハチは■からどこへ行きますか。正しいものを選んで○をつけてください。

〈時間〉　各30秒

〈解答〉　下図参照

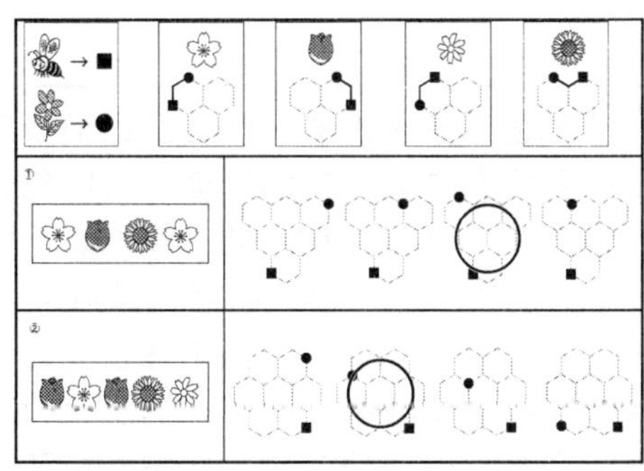

［2021年度出題］

アドバイス

指示に従ってハチを移動させていく問題です。ルートが６角形の辺をたどる形になっているので難しそうに見えますが、解いてみるとそれほど難しい問題ではありません。花のマークの指示を守りながら、１つずつ進めていけばよいでしょう。スマートな解き方もありません。こういった問題を解く時は、とにかく落ち着くことが重要です。当校の入試は、ペーパーテストの量はそれほどでもありませんが、難しい問題が多いため、１つひとつの問題の比重が高くなっています。ケアレスミスをしないよう、十分に対策をとるようにしましょう。

【おすすめ問題集】
Ｊｒ・ウォッチャー47「座標の移動」

問題36　分野：制作

〈準備〉　画用紙（白、円形の枠線が引かれている）、折り紙（水色）、ハサミ
リボン（黄色、１本、50cm）、クーピーペン（黒）、スティックのり

〈問題〉　これから「イヌのメダル」を作ってもらいます。
※制作手順については、問題36のイラストを参照してください。

〈時間〉　10分

〈解答〉　省略

[2021年度出題]

アドバイス

制作の課題です。この制作で行う作業は、「紙を切る・折る・貼る」といった基本的なものです。折り紙の折り方は目の前で教えてもらえるので、指示に従っていれば問題なく行えるでしょう。全体としては小学校のスタンダードな工作なので、無難に行いたいところです。2021年度の入試では巧緻性の課題（箸でマメをつかむなど）はなく、作業する課題はこの工作だけでした。スムーズに作業を行い、年齢なりの器用さを見せるべきとはいえますが、出来上がりはそれほど差が付きません。保護者の方は、指示と時間を守れていればそれで合格としてください。なお、ちょう結びは当校でよく出題されます。練習しておいたほうがよいでしょう。

【おすすめ問題集】
実践 ゆびさきトレーニング①②③、Ｊｒ・ウォッチャー23「切る・貼る・塗る」

問題37　分野：行動観察

〈準 備〉　なし

〈問 題〉　**この問題の絵はありません。**

この課題は４人のグループで行う。
※グループのうち１人に動作を真似る動物を指示する。
①ジェスチャーゲームをします。お友だちが何の動物のマネをしているか当ててください。
※マネをする人を変え４回繰り返す。
②グーパー体操をします。先生のする通りに体を動かしてください。

※グーパー体操
①両手をパーにして前に出す。前に出した手のうち、片手をグーにしながら胸の前まで引っ込める。
②①で引っ込めた手をパーにしながら前に出すと共に、反対側の手をグーにして胸の前まで引っ込める。
③②のように、前に出す手をパー。引っ込める手をグーにし、交互に繰り返す。
①～③を歌を歌いながら数回繰り返す。

〈時 間〉　適宜

〈解 答〉　省略

［2021年度出題］

アドバイス

行動観察は１グループの人数を少なくして行われましたが、内容は前回と同じです。当校の行動観察はこのように複数の課題（ゲーム）を行うことが多いので、指示が複雑になります。当然のことですがよく聞いておかないと、指示が守れなくなってしまうので集中しましょう。こういった課題は運動能力の優れたお子さまを見つけるためのものではなく、指示を守り、それを実行できるという能力があることをチェックするためのもの、ということを保護者の方は再確認しておいてください。もっとも、年齢なりの発育をしていないというほど運動ができない場合は、マイナスの評価を受けるかもしれないので、自信のない場合は練習をしておいてください。一度行えば充分です。

【おすすめ問題集】
Ｊｒ・ウォッチャー29「行動観察」

問題38　分野：運動（サーキット運動）

〈準備〉 ビニールテープ、三角コーン４つ（２つ：ビニールテープが貼ってある５メートル先に３メートル間隔で置く、２つ：ドリブルする反対側の５メートル先にコーンをテープと平行にして置く）、ドッジボール

〈問題〉 **この問題の絵はありません。**
ビニールテープがスタート地点です。
先生の合図で課題を始めてください。
※マスクをつけて運動を行いました。
①ドリブルしながら三角コーンへ行ってください。その際、８の字で三角コーンを回って、戻ってください。
②ビニールテープまで戻ってきたら、ボールを持ち、今ドリブルした反対側に置かれているコーンを越えるようにボールを投げてください。２回投げます。
③２回投げ終えたら、気を付けをして、終わりです。

〈時間〉 適宜

〈解答〉 省略

［2021年度出題］

アドバイス

こちらも前回の入試と同じ運動の課題です。ボールを使う課題が多いのでお子さまが扱いに慣れていなければ、ある程度練習をしておいてください。月齢による配慮はありますが、課題が成立しないほどできないとさすがにマイナスです。指示を聞き、それを実行できるかという点がおもな評価のポイントであることはここでも変わりませんが、進行を妨げるほどできないとさすがにチェックされるということです。室外での運動が難しいようなら、室内でボールに触るだけでもかまいません。ボールに慣れておけば、この程度の課題ならその場でも行えるはずです。

【おすすめ問題集】
新 運動テスト問題集、Ｊｒ・ウォッチャー28「運動」

問題39　分野：保護者面接

〈準 備〉　なし

〈問 題〉　**この問題の絵はありません。**

【母親へ】
・入学したら、どのようなことをやらせたいですか。
・オープンスクールのほかに何の行事に来ましたか。
・（上で答えた行事について）お子さまはどのような感想を持たれましたか。
・お子さまはどのような行事で活躍できると思いますか。
・成蹊の教育、児童についてどう思いますか。
・（事前に記入した資料を見て）お子さまの得意なことについて、最近のできごとを詳しく教えてください。
・お子さまには当校でどのように成長してほしいですか

【父親へ】
・オープンスクールにはいらっしゃいましたか。
・（上で答えたことに対して）それを見てどう思われましたか。
・お父さまの仕事内容をお聞かせください。
・お子さまに点数を付けるとしたら何点ですか。その点数を付けた理由も教えてください。
・当校の魅力についてお聞かせください。

〈時 間〉　適宜

〈解 答〉　省略

［2021年度出題］

アドバイス

面接の内容は2020年度通りのもので、特にコロナ関連の質問はなかったようです。リモートで行われた説明会などについても質問があったようなので、試験前にはまとめておきましょう。ほかには、家庭の教育方針、お子さまの得意科目、好き嫌いなどが例年の質問事項です。一般的によく聞かれることがほとんどですから、こちらもまとめておいてください。マナーはそれほどチェックされず、教育方針・当校との相性などについて聞かれることが多い、スタンダードな面接です。保護者として、一般常識が備わっていることを示せればよいので、マナーなどにそれほど気をつかう必要はありません。話し合うための面接と考えてください。

【おすすめ問題集】
新 小学校面接Q＆A、保護者のための入試面接最強マニュアル

①

②

③

④

問題2

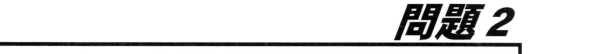

①

②

③

④

日本学習図書株式会社

問題３－１

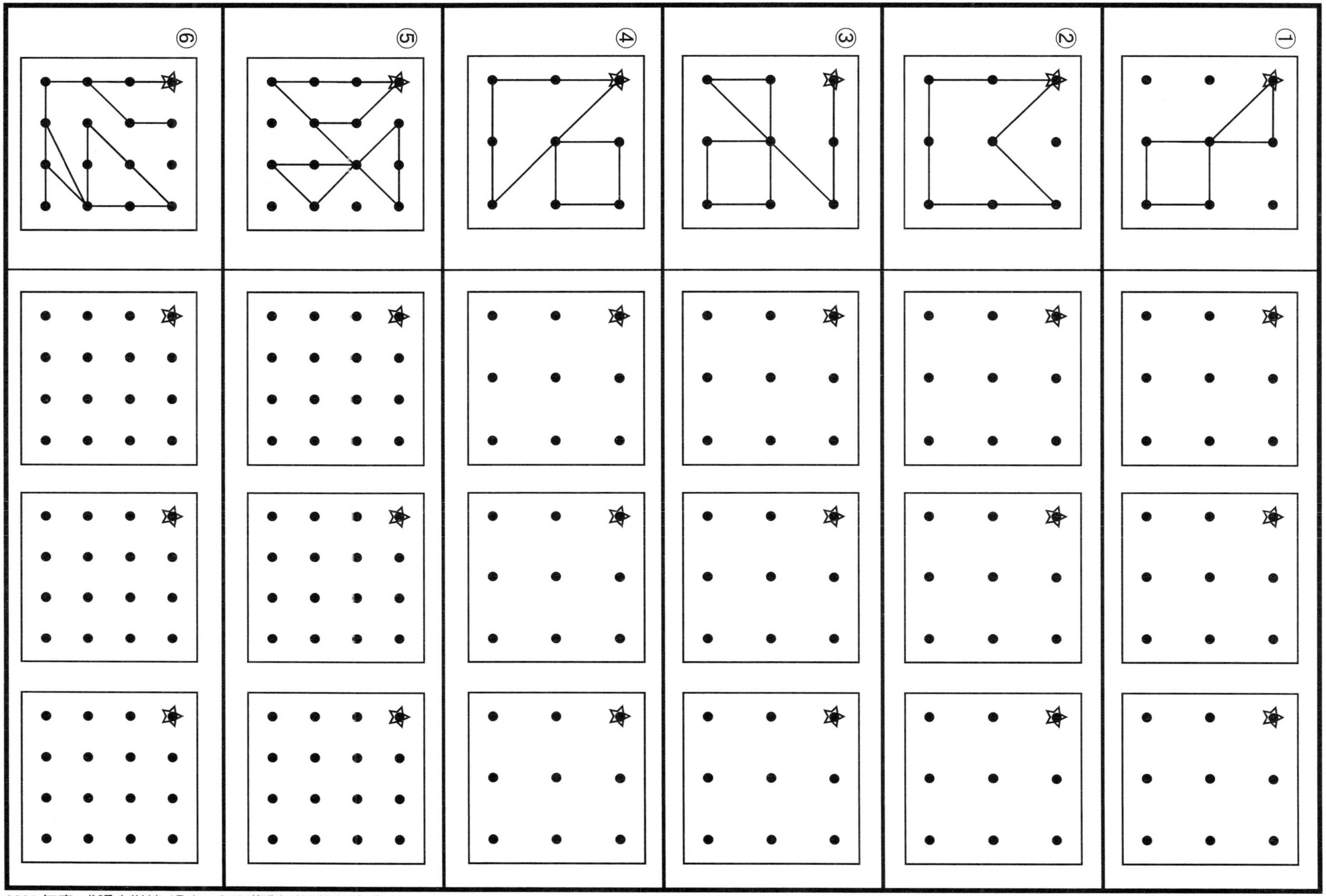

①

②

③

④

⑤

⑥

問題3－1

問題3－2

①

②

③

④

⑤

⑥

①

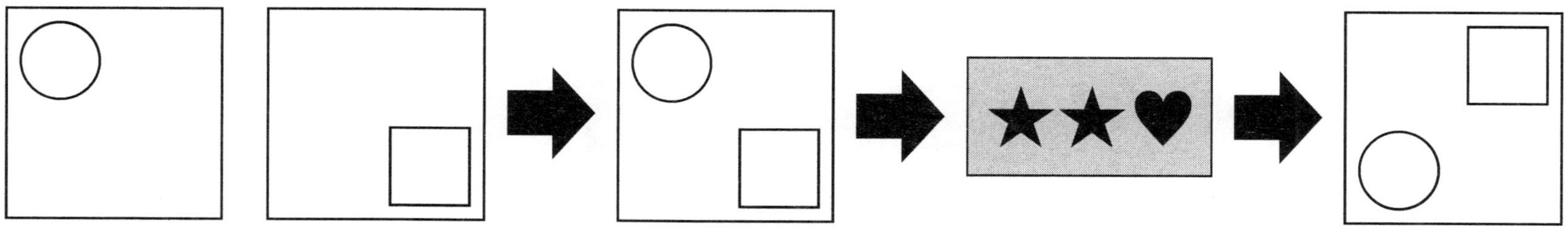

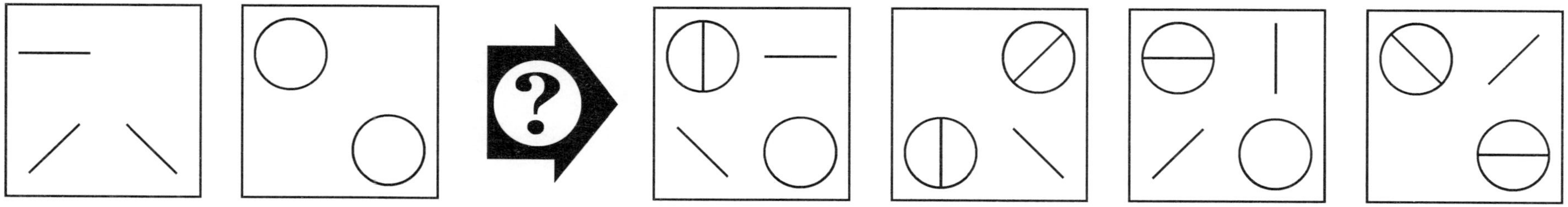

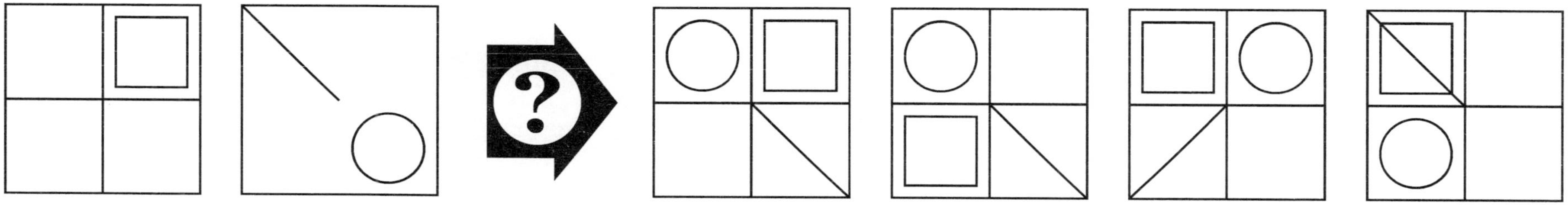

②

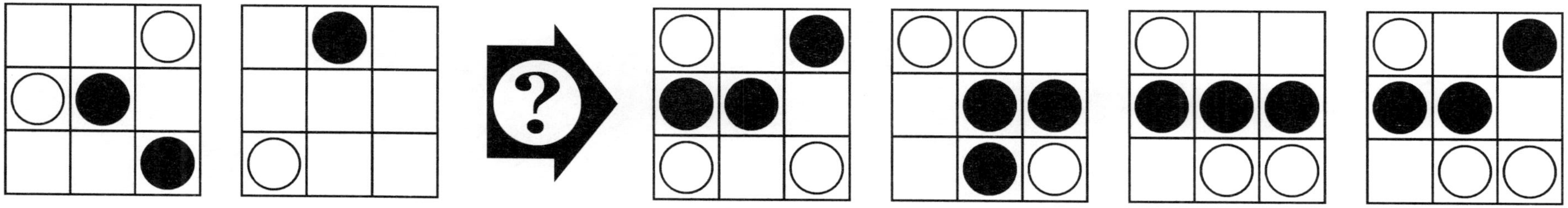

③

問題5

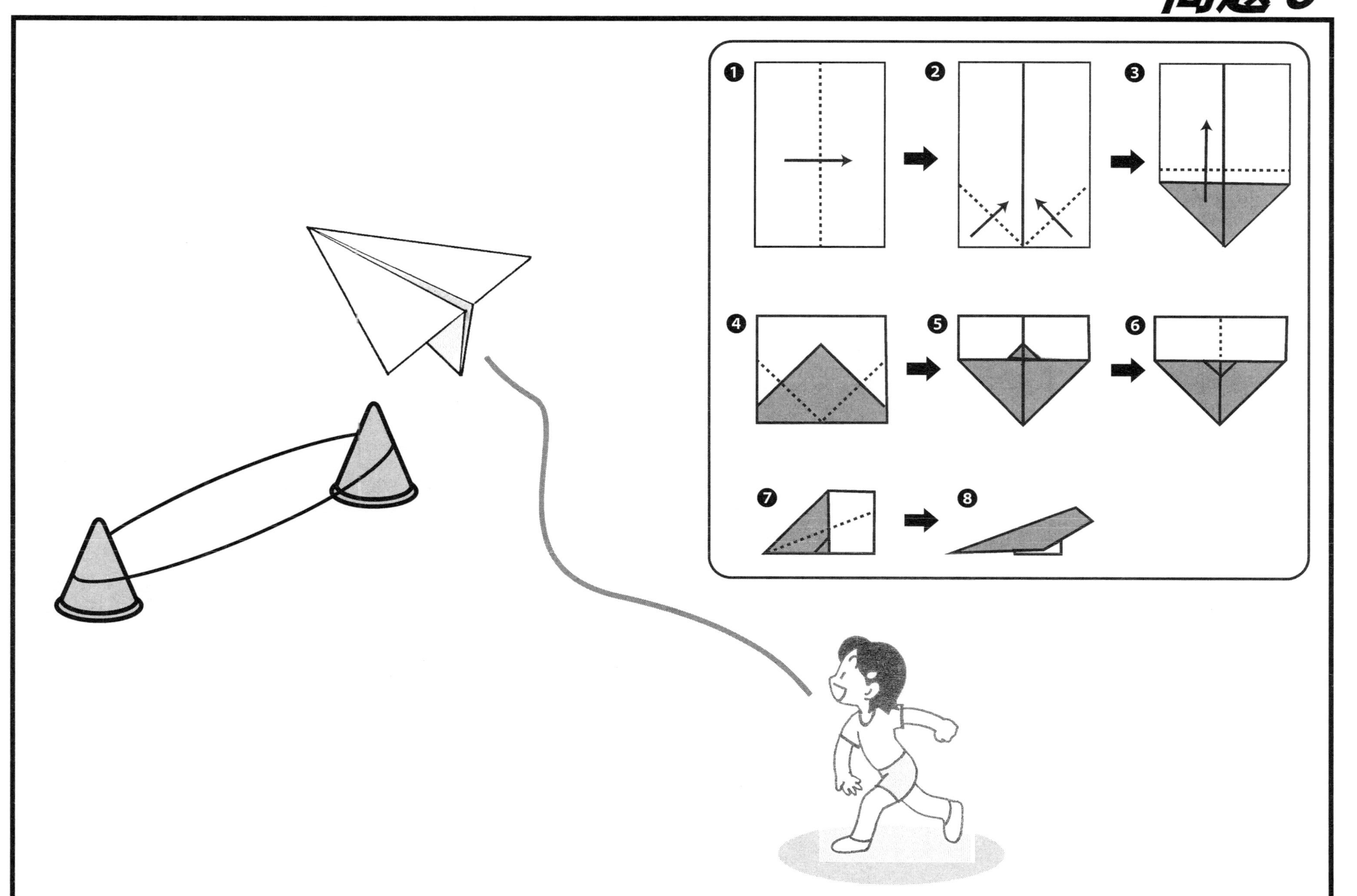

問題6

問題7

①全速力で走る。

②左手と右手で、ドリブルを交互にする。

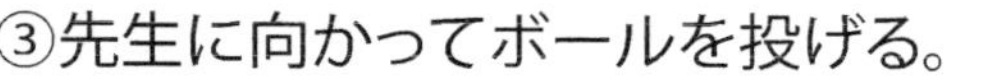

③先生に向かってボールを投げる。

問題9

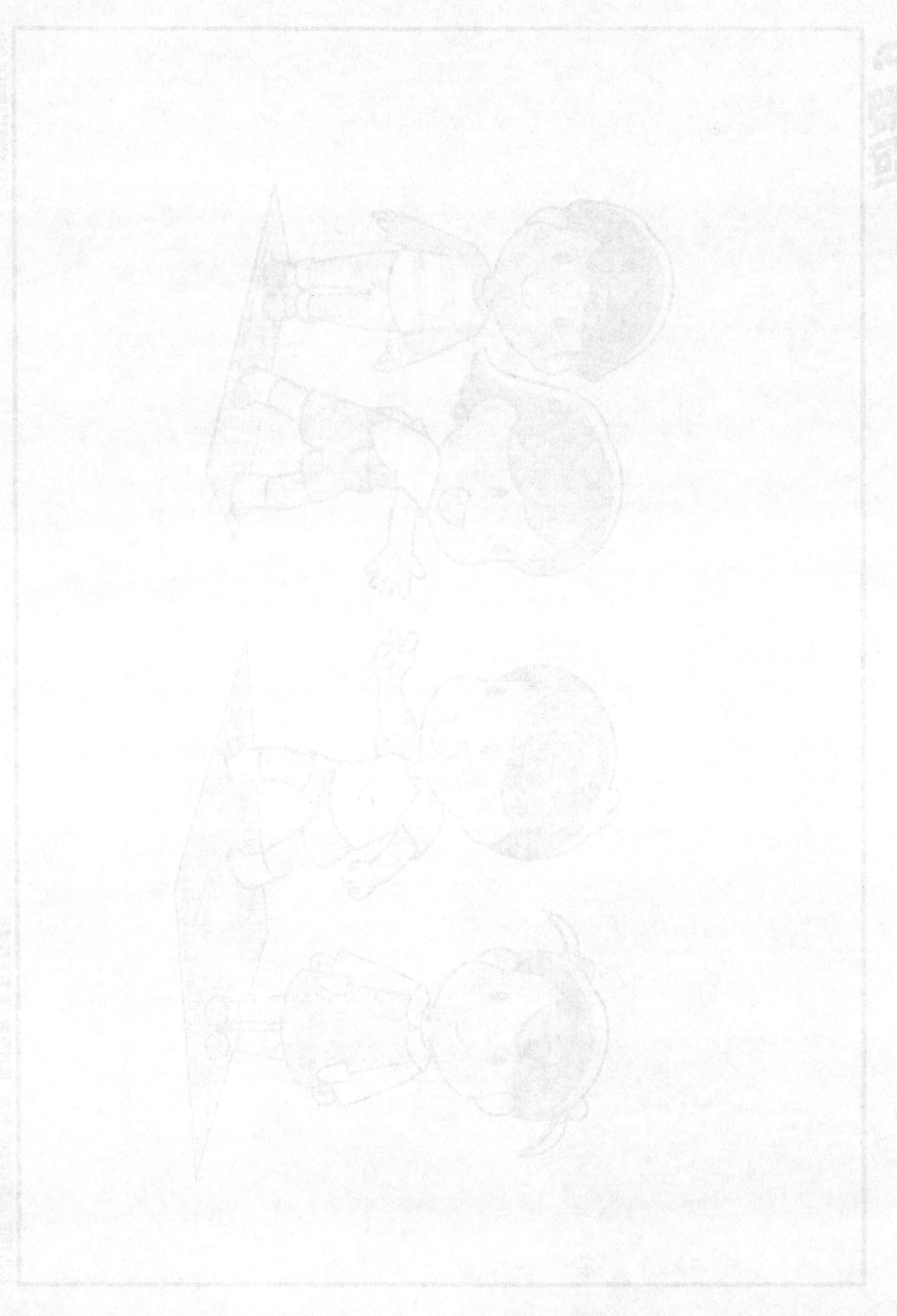

問題１１

問題１２

①	⑥
②	⑦
③	⑧
④	⑨
⑤	⑩

問題１３－１

① ★★

② ★

③ ★

④ ★

⑤ ★

問題13－2

⑩ ★★★

⑨ ★★★

⑧ ★

⑦ ★★

⑥ ★★

問題14－1

①

②

問題１４−２

③

④

⑤

問題１４－３

⑥

⑦

⑧

問題１５

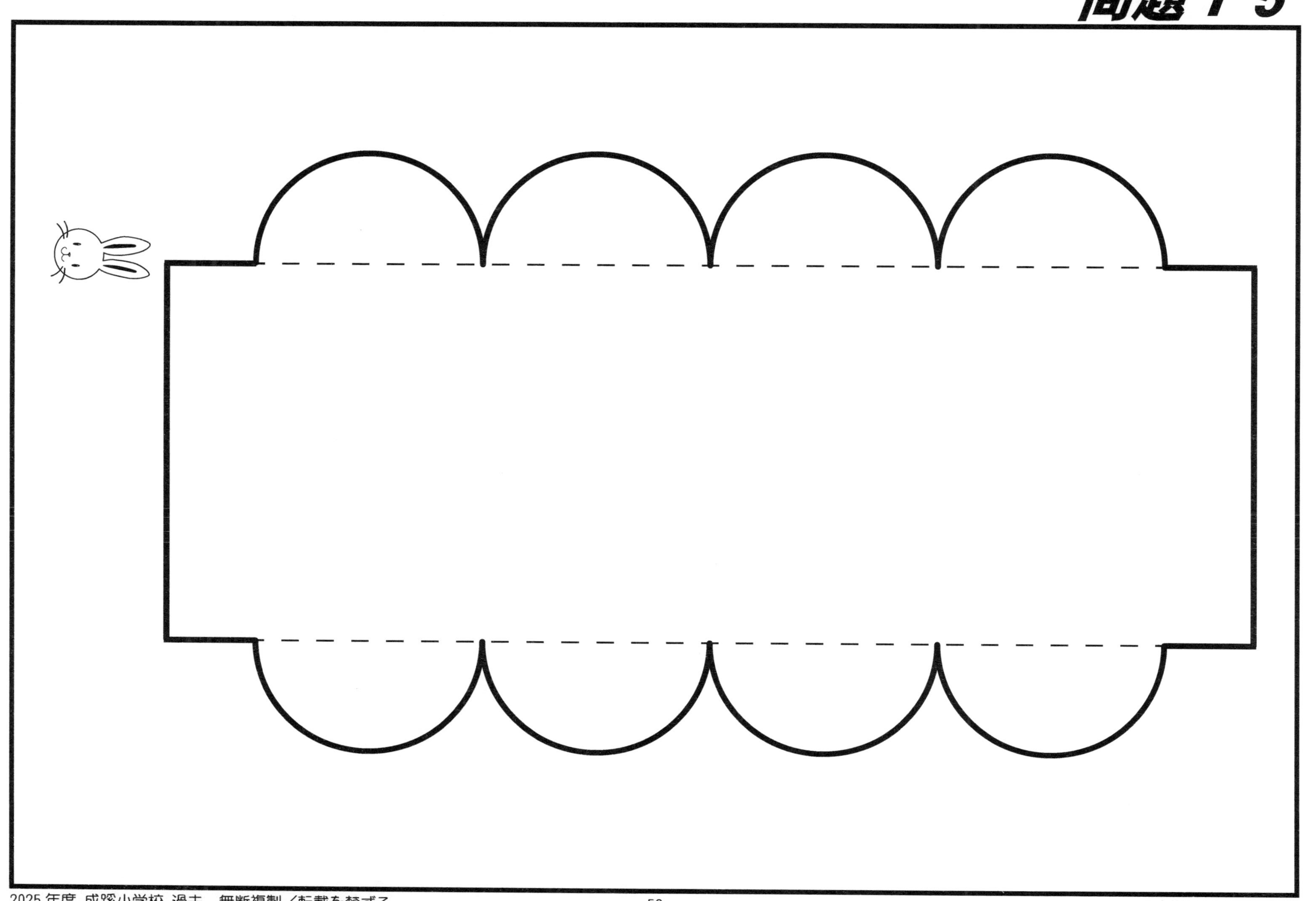

問題２２

①

⑤

②

⑥

③

⑦

④

⑧

問題２３－１

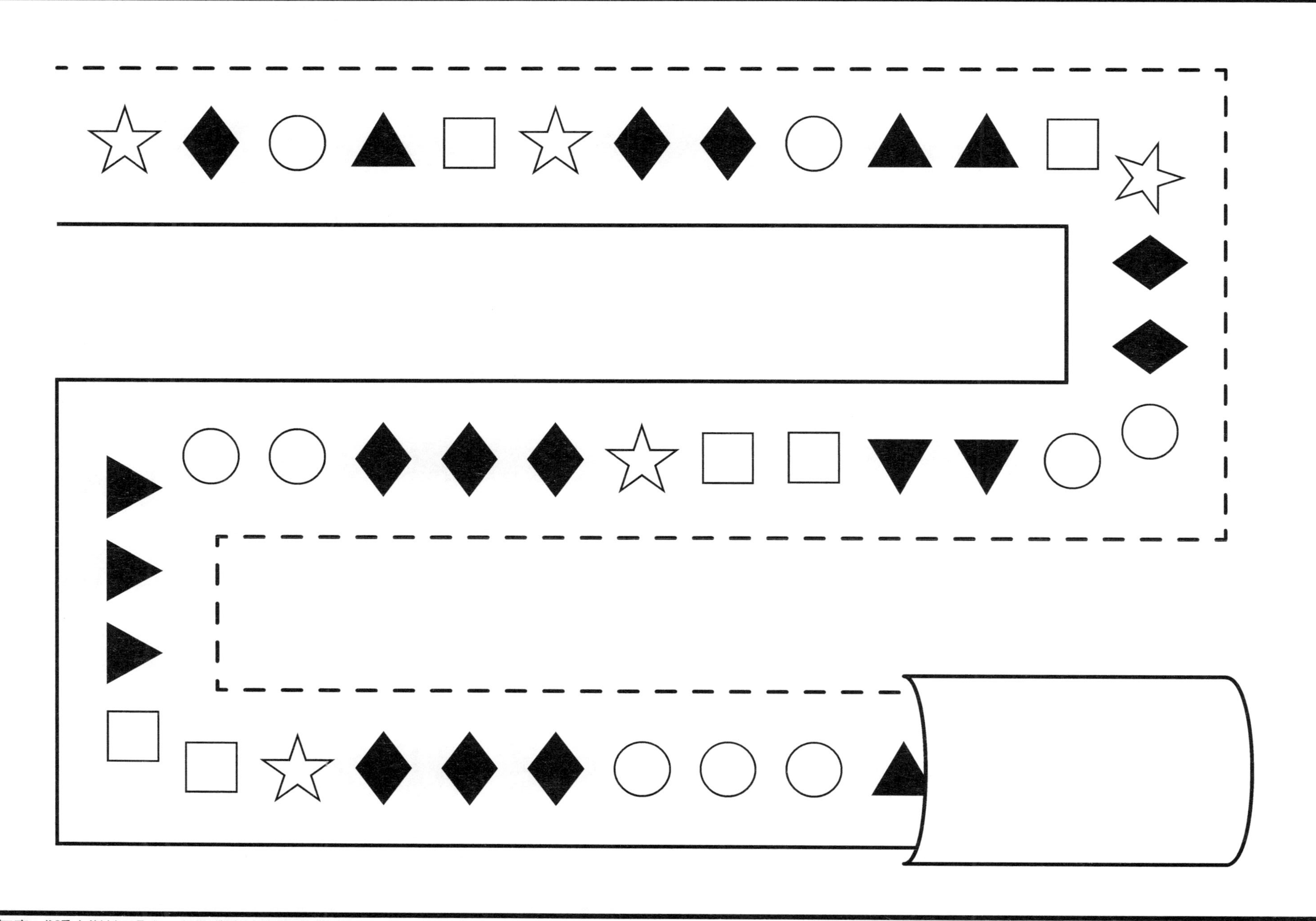

問題23－2

★

①

②

③

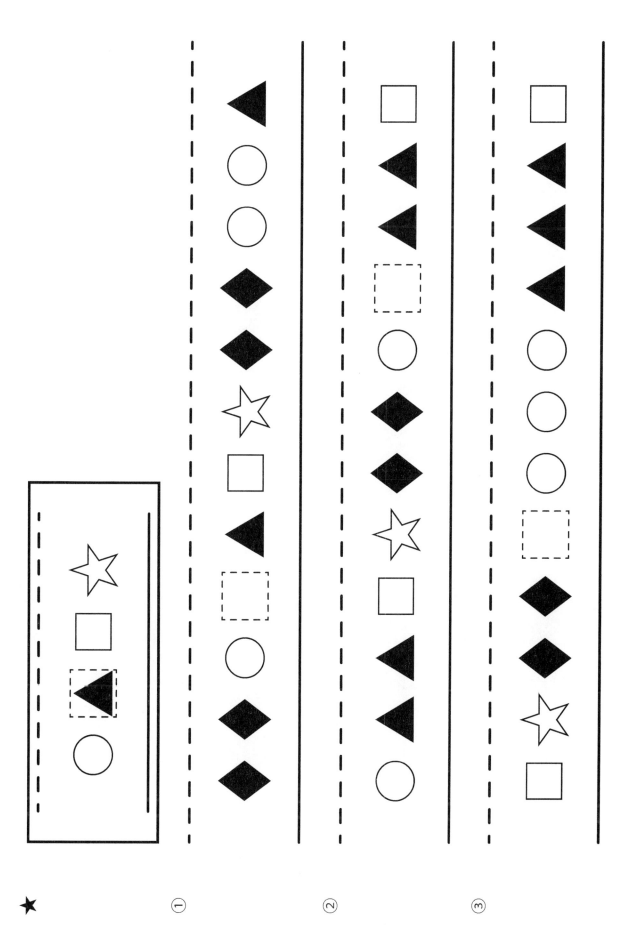

日本学習図書株式会社

問題23-2

問題２３－３

④

⑤

⑥

⑦

問題２４－１

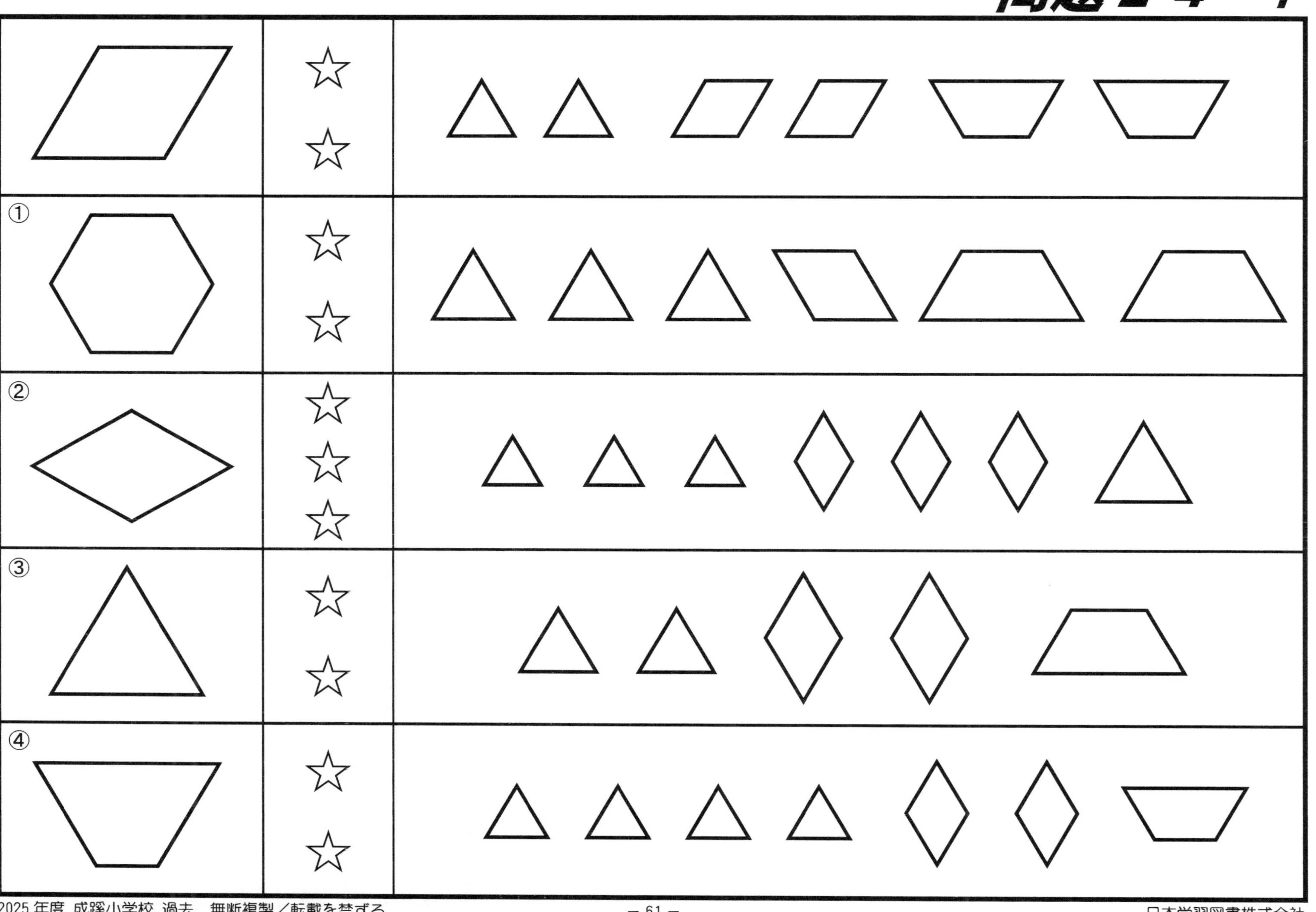

問題24−1

問題２４－２

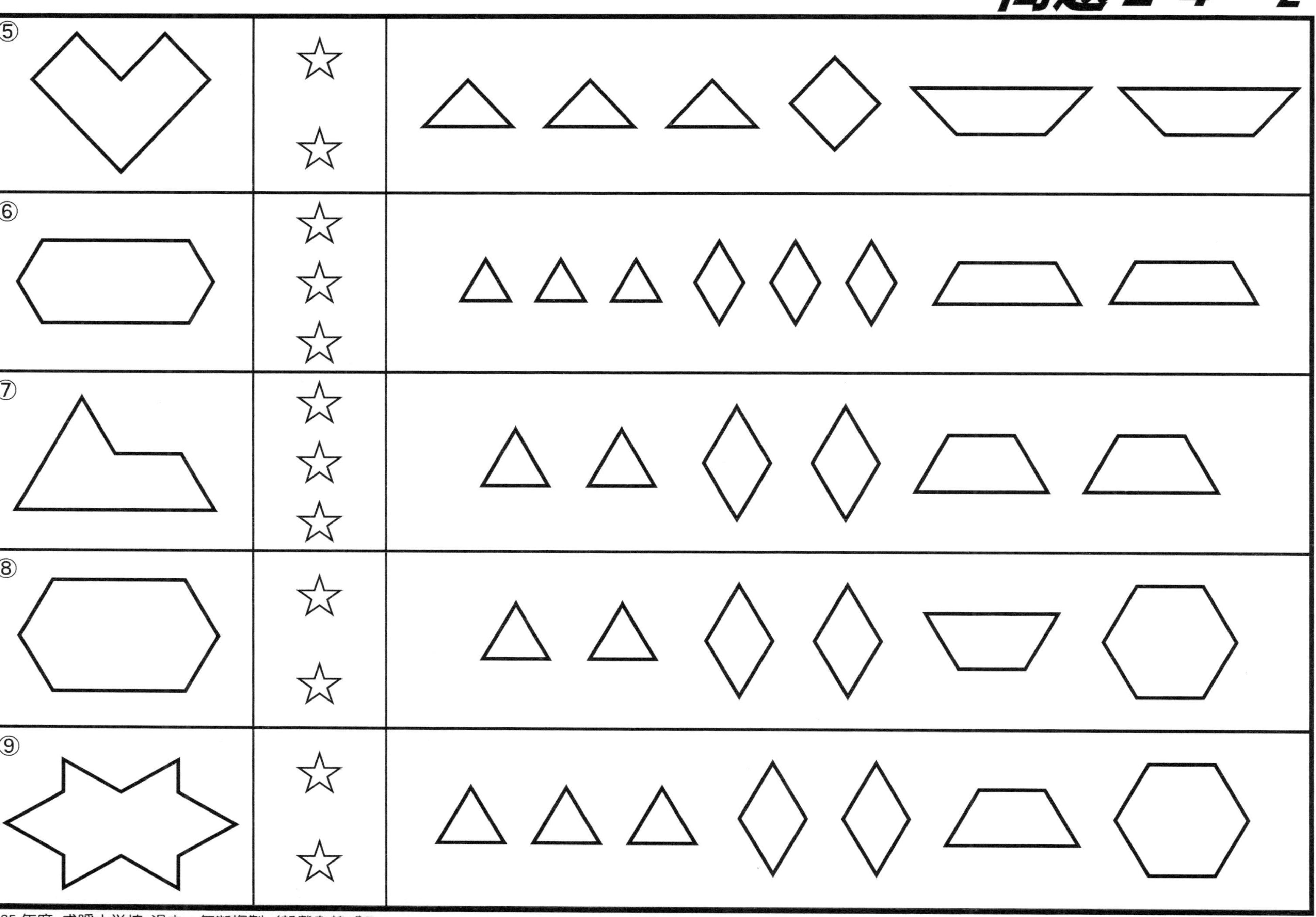

問題２５

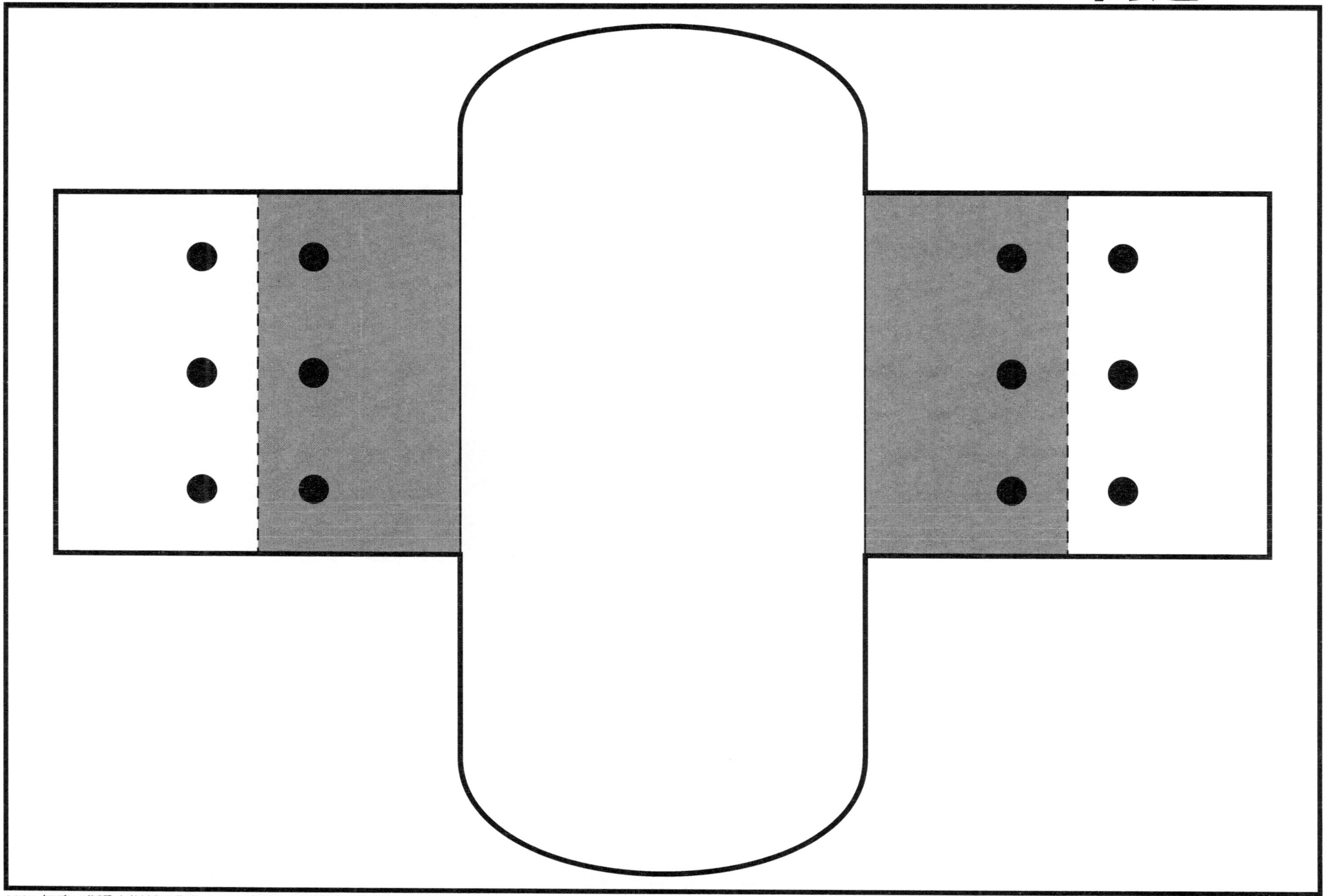

問題３３

①

②

③

④

日本学習図書株式会社

問題34

♠

♦

① ♠

② ♦

③ ♦

日本学習図書株式会社

問題３５

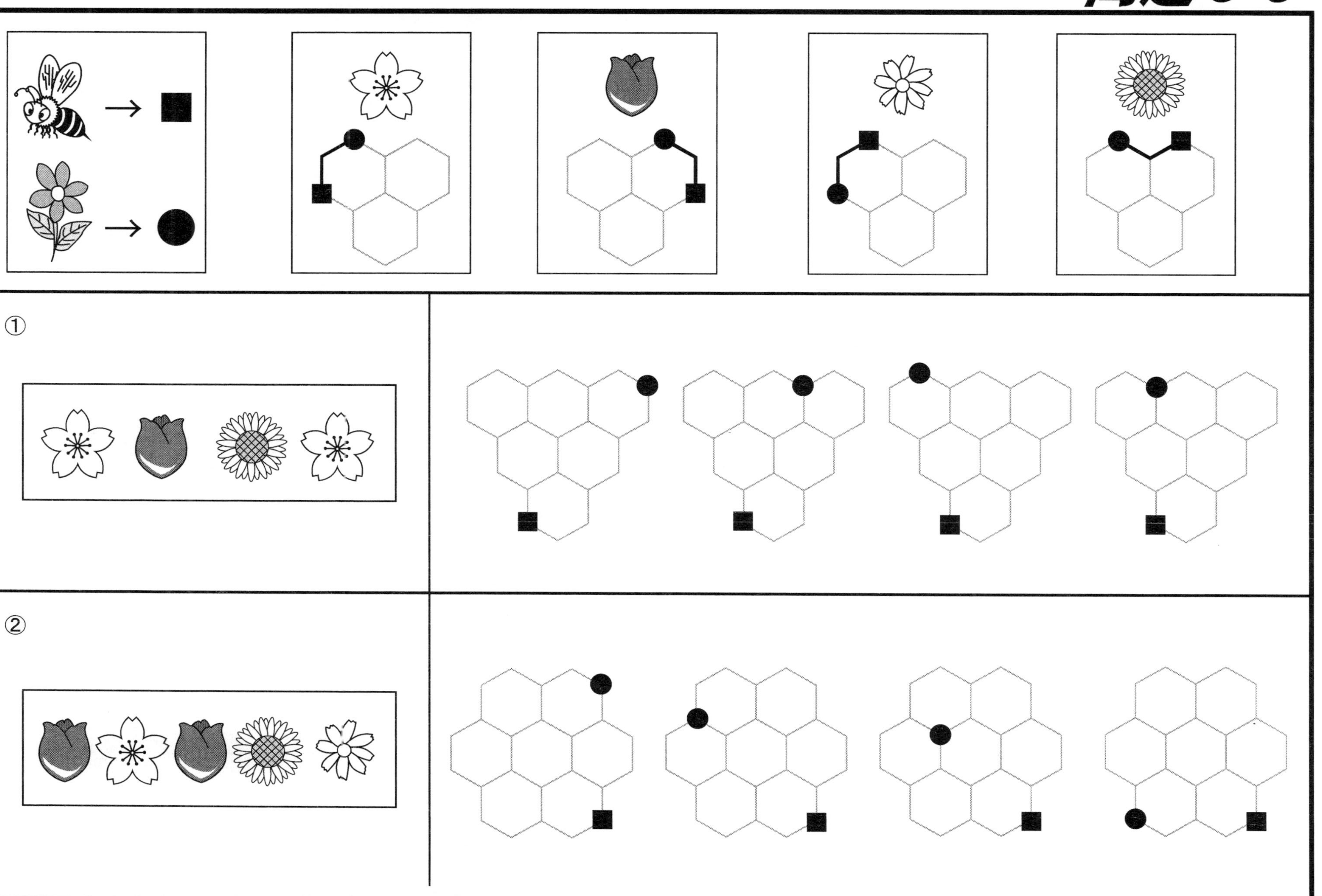

画用紙（円を描き、上部に穴を２つ開けておく）

折り紙（水色）

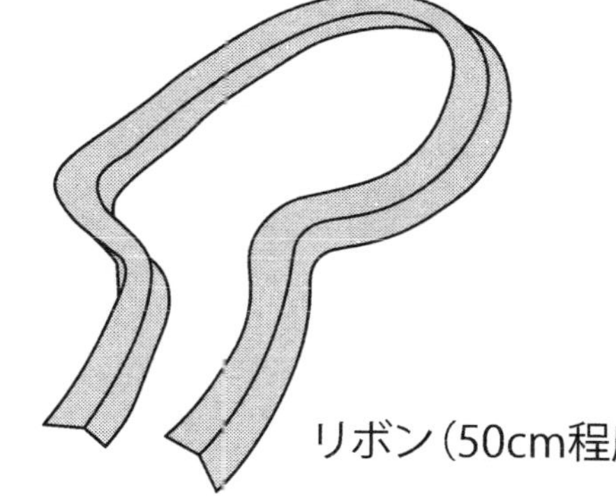

リボン（50cm程度）

①画用紙を枠線で切る。
②指示通りに折り紙で「イヌ」を折る。
③切り取った円形の画用紙（メダル）に「イヌ」をのりで貼る。
④円形の画用紙（メダル）の穴にリボンを通し、ちょう結びをする。

作成例

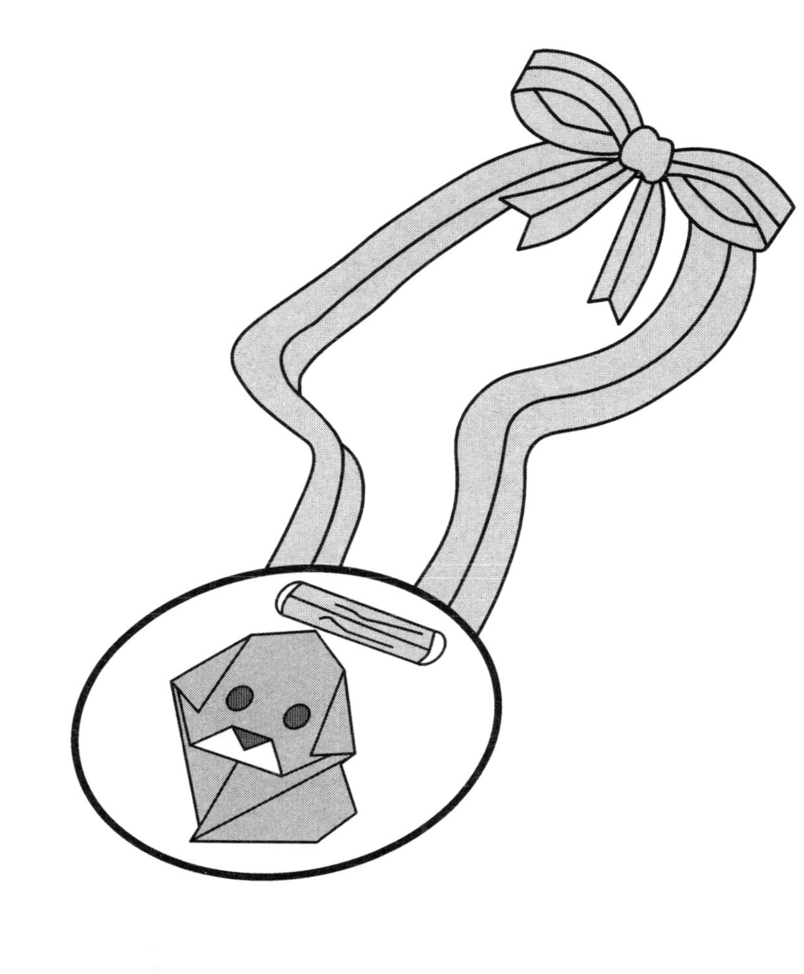

図書カード 1000 円分プレゼント

ご記入日　　年　月　日

☆国・私立小学校受験アンケート☆

※可能な範囲でご記入下さい。選択肢は○で囲んで下さい。

〈小学校名〉＿＿＿＿＿＿＿＿　〈お子さまの性別〉男・女　〈誕生月〉＿＿月

〈その他の受験校〉（複数回答可）＿＿＿＿＿＿＿＿

〈受験日〉①：＿＿月＿＿日〈時間〉＿＿時＿＿分　～　＿＿時＿＿分

②：＿＿月＿＿日〈時間〉＿＿時＿＿分　～　＿＿時＿＿分

〈受験者数〉男女計＿＿名（男子＿＿名　女子＿＿名）

〈お子さまの服装〉＿＿＿＿＿＿＿＿

〈入試全体の流れ〉（記入例）準備体操→行動観察→ペーパーテスト

＿＿＿＿＿＿＿＿

Eメールによる情報提供

日本学習図書では、Eメールでも入試情報を募集しております。

下記のアドレスに、アンケートの内容をご入力の上、メールをお送り下さい。

ojuken@nichigaku.jp

●行動観察　（例）好きなおもちゃで遊ぶ・グループで協力するゲームなど

〈実施日〉＿＿月＿＿日〈時間〉＿＿時＿＿分　～　＿＿時＿＿分〈着替え〉□有　□無

〈出題方法〉□肉声　□録音　□その他（　　　　）〈お手本〉□有　□無

〈試験形態〉□個別　□集団（　　人程度）　〈会場図〉

〈内容〉

□自由遊び

＿＿＿＿＿＿＿＿

□グループ活動

＿＿＿＿＿＿＿＿

□その他

＿＿＿＿＿＿＿＿

●運動テスト（有・無）　（例）跳び箱・チームでの競争など

〈実施日〉＿＿月＿＿日〈時間〉＿＿時＿＿分　～　＿＿時＿＿分〈着替え〉□有　□無

〈出題方法〉□肉声　□録音　□その他（　　　　）〈お手本〉□有　□無

〈試験形態〉□個別　□集団（　　人程度）　〈会場図〉

〈内容〉

□サーキット運動

□走り　□跳び箱　□平均台　□ゴム跳び

□マット運動　□ボール運動　□なわ跳び

□クマ歩き

□グループ活動＿＿＿＿＿＿＿＿

□その他＿＿＿＿＿＿＿＿

●知能テスト・口頭試問

〈実施日〉＿＿月＿＿日〈時間〉＿＿時＿＿分 〜 ＿＿時＿＿分〈お手本〉□有 □無

〈出題方法〉□肉声 □録音 □その他（　　　　　）〈問題数〉＿＿枚＿＿問

分野	方法	内容	詳細・イラスト
(例) お話の記憶	☑筆記 □口頭	動物たちが待ち合わせをする話	(あらすじ) 動物たちが待ち合わせをした。最初にウサギさんが来た。次にイヌくんが、その次にネコさんが来た。最後にタヌキくんが来た。 (問題・イラスト) ３番目に来た動物は誰か
お話の記憶	□筆記 □口頭		(あらすじ) (問題・イラスト)
図形	□筆記 □口頭		
言語	□筆記 □口頭		
常識	□筆記 □口頭		
数量	□筆記 □口頭		
推理	□筆記 □口頭		
その他	□筆記 □口頭		

●制作　（例）ぬり絵・お絵かき・工作遊びなど

〈実施日〉＿月＿日 〈時間〉＿時＿分～＿時＿分

〈出題方法〉 □肉声 □録音 □その他（　　　） 〈お手本〉□有 □無

〈試験形態〉 □個別 □集団（　　人程度）

材料・道具	制作内容
□ハサミ □のり（□つぼ □液体 □スティック） □セロハンテープ □鉛筆 □クレヨン（　色） □クーピーペン（　色） □サインペン（　色）□ □画用紙（□ A4 □ B4 □ A3 □その他：　　　） □折り紙 □新聞紙 □粘土 □その他（　　　）	□切る □貼る □塗る □ちぎる □結ぶ □描く □その他（　　　） タイトル：＿＿＿＿＿＿

●面接

〈実施日〉＿月＿日 〈時間〉＿時＿分～＿時＿分 〈面接担当者〉＿名

〈試験形態〉□志願者のみ（　）名 □保護者のみ □親子同時 □親子別々

〈質問内容〉

※試験会場の様子をご記入下さい。

例
校長先生　教頭先生
父　子　母
出入口

□志望動機　□お子さまの様子

□家庭の教育方針

□志望校についての知識・理解

□その他（　　　　）

（詳　細）

・

・

・

・

●保護者作文・アンケートの提出（有・無）

〈提出日〉 □面接直前 □出願時 □志願者考査中 □その他（　　　）

〈下書き〉 □有 □無

〈アンケート内容〉

（記入例）当校を志望した理由はなんですか（150 字）

●説明会（□有　□無）〈開催日〉　　月　　日〈時間〉　　時　　分　～　　時　　分
〈上履き〉　□要　□不要　〈願書配布〉　□有　□無　〈校舎見学〉　□有　□無
〈ご感想〉

●参加された学校行事（複数回答可）
公開授業〈開催日〉　　月　　日〈時間〉　　時　　分　～　　時　　分
運動会など〈開催日〉　　月　　日〈時間〉　　時　　分　～　　時　　分
学習発表会・音楽会など〈開催日〉　　月　　日〈時間〉　　時　　分　～　　時　　分
〈ご感想〉
※是非参加したほうがよいと感じた行事について

●受験を終えてのご感想、今後受験される方へのアドバイス
※対策学習（重点的に学習しておいた方がよい分野）、当日準備しておいたほうがよい物など

＊＊＊＊＊＊＊＊＊＊＊＊＊　ご記入ありがとうございました　＊＊＊＊＊＊＊＊＊＊＊＊＊

必要事項をご記入の上、ポストにご投函ください。

なお、本アンケートの送付期限は入試終了後３ヶ月とさせていただきます。また、入試に関する情報の記入量が当社の基準に満たない場合、謝礼の送付ができないことがございます。あらかじめご了承ください。

ご住所：〒

お名前：　　　　　　　　　　メール：

ＴＥＬ：　　　　　　　　　　ＦＡＸ：

アンケートのご記入ありがとうございました

ご記入頂いた個人に関する情報は、当社にて厳重に管理致します。弊社の個人情報取り扱いに関する詳細は、www.nichigaku.jp/policy.php の「個人情報の取り扱い」をご覧下さい。

分野別 小学入試練習帳 ジュニアウォッチャー

1．点・線図形	小学校入試で出題頻度の高い『点・線図形』の模写を、難易度の低いものから段階別に幅広く練習することができるように構成。
2．座標	図形の位置模写という作業を、難易度の低いものから段階別に練習できるように構成。
3．パズル	様々なパズルの問題を難易度の低いものから段階別に練習できるように構成。
4．同図形探し	小学校入試で出題頻度の高い、同図形選びの問題を繰り返し練習できるように構成。
5．回転・展開	図形などを回転、または展開したとき、形がどのように変化するかを学習し、理解を深められるように構成。
6．系列	数、図形などの様々な系列問題を、難易度の低いものから段階別に練習できるように構成。
7．迷路	迷路の問題を繰り返し練習できるように構成。
8．対称	対称に関する問題を４つのテーマに分類し、各テーマごとに問題を段階別に練習できるように構成。
9．合成	図形の合成に関する問題を、難易度の低いものから段階別に練習できるように構成。
10．四方からの観察	もの（立体）を様々な角度から見て、どのように見えるかを推理する問題を段階別に整理し、１つの形式で複数の問題を練習できるように構成。
11．いろいろな仲間	ものや動物、植物の共通点を見つけ、分類していく問題を中心に構成。
12．日常生活	日常生活における様々な問題を６つのテーマに分類し、各テーマごとに一つの問題形式で複数の問題を練習できるように構成。
13．時間の流れ	『時間』に着目し、様々なものごとは、時間が経過するとどのように変化するのかということを学習し、理解できるように構成。
14．数える	様々なものを『数える』ことから、数の多少の判定やかけ算、わり算の基礎までを練習できるように構成。
15．比較	比較に関する問題を５つのテーマ（数、高さ、長さ、量、重さ）に分類し、各テーマごとに問題を段階別に練習できるように構成。
16．積み木	数える対象を積み木に限定した問題集。
17．言葉の音遊び	言葉の音に関する問題を５つのテーマに分類し、各テーマごとに問題を段階別に練習できるように構成。
18．いろいろな言葉	表現力をより豊かにするいろいろな言葉として、擬態語や擬声語、同音異義語、反意語、数詞を取り上げた問題集。
19．お話の記憶	お話を聴いてその内容を記憶、理解し、設問に答える形式の問題集。
20．見る記憶・聴く記憶	「見て憶える」「聴いて憶える」という『記憶』分野に特化した問題集。
21．お話作り	いくつかの絵を元にしてお話を作る練習をして、想像力を養うことができるように構成。
22．想像画	描かれてある形や景色に好きな絵を描くことにより、想像力を養うことができるように構成。
23．切る・貼る・塗る	小学校入試で出題頻度の高い、はさみやのりなどを用いた巧緻性の問題を繰り返し練習できるように構成。
24・絵画	小学校入試で出題頻度の高い、お絵かきやぬり絵などクレヨンやクーピーペンを用いた巧緻性の問題を繰り返し練習できるように構成。
25．生活巧緻性	小学校入試で出題頻度の高い日常生活の様々な場面における巧緻性の問題集。
26．文字・数字	ひらがなの清音、濁音、拗音、拗長音、促音と１～20までの数字に焦点を絞り、練習できるように構成。
27．理科	小学校入試で出題頻度が高くなりつつある理科の問題を集めた問題集。
28．運動	出題頻度の高い運動問題を種目別に分けて構成。
29．行動観察	項目ごとに問題提起をし、「このような時はどうか、あるいはどう対処するのか」の観点から問いかける形式の問題集。
30．生活習慣	学校から家庭に提起された問題と思って、一問一問絵を見ながら話し合い、考える形式の問題集。
31．推理思考	数、量、言語、常識（含理科、一般）など、諸々のジャンルから問題を構成し、近年の小学校入試問題傾向に沿って構成。
32．ブラックボックス	箱や筒の中を通ると、どのようなお約束でどのように変化するかを推理・思考する問題集。
33．シーソー	重さの違うものをシーソーに乗せた時どちらに傾くのか、またどうすればシーソーは釣り合うのかを思考する基礎的な問題集。
34．季節	様々な行事や植物などを季節別に分類できるように知識をつける問題集。
35．重ね図形	小学校入試で頻繁に出題されている「図形を重ね合わせてできる形」についての問題を集めました。
36．同数発見	様々な物を数え「同じ数」を発見し、数の多少の判断や数の認識の基礎を学べるように構成した問題集。
37．選んで数える	数の学習の基本となる、いろいろなものの数を正しく数える学習を行う問題集。
38．たし算・ひき算１	数字を使わず、たし算とひき算の基礎を身につけるための問題集。
39．たし算・ひき算２	数字を使わず、たし算とひき算の基礎を身につけるための問題集。
40．数を分ける	数を等しく分ける問題です。等しく分けたときに余りが出るものもあります。
41．数の構成	ある数がどのような数で構成されているか学んでいきます。
42．一対多の対応	一対一の対応から、一対多の対応まで、かけ算の考え方の基礎学習を行います。
43．数のやりとり	あげたり、もらったり、数の変化をしっかりと学びます。
44．見えない数	指定された条件から数を導き出します。
45．図形分割	図形の分割に関する問題集。パズルや合成の分野にも通じる様々な問題を集めました。
46．回転図形	「回転図形」に関する問題集。やさしい問題から始め、いくつかの代表的なパターンから、段階を踏んで学習できるよう編集されています。
47．座標の移動	「マス目の指示通りに移動する問題」と「指示された数だけ移動する問題」を収録。
48．鏡図形	鏡で左右反転させた時の見え方を考えます。平面図形から立体図形、文字、絵まで。
49．しりとり	すべての学習の基礎となる「言葉」を学ぶこと、特に「語彙」を増やすことに重点をおき、さまざまなタイプの「しりとり」問題を集めました。
50．観覧車	観覧車やメリーゴーラウンドなどを舞台にした「回転系列」の問題集。「推理思考」分野の問題ですが、要素として「図形」や「数量」も含みます。
51．運筆①	鉛筆の持ち方を学び、点線なぞり、お手本を見ながらの模写で、線を引く練習をします。
52．運筆②	運筆①からさらに発展し、「欠所補完」や「迷路」などを楽しみながら、より複雑な鉛筆運びを習得することを目指します。
53．四方からの観察 積み木編	積み木を使用した「四方からの観察」に関する問題を練習できるように構成。
54．図形の構成	見本の図形がどのような部分によって形づくられているかを考えます。
55．理科②	理科的知識に関する問題を集中して練習する「常識」分野の問題集。
56．マナーとルール	道路や駅、公共の場でのマナー、安全や衛生に関する常識を学べるように構成。
57．置き換え	さまざまな具体的・抽象的事象を記号で表す「置き換え」の問題を扱います。
58．比較②	長さ・高さ・体積・数などを数学的な知識を使わず、論理的に推測する「比較」の問題を練習できるように構成。
59．欠所補完	線と線のつながり、欠けた絵に当てはまるものなどを求める「欠所補完」に取り組める問題集です。
60．言葉の音（おん）	しりとり、決まった順番の音をつなげるなど、「言葉の音」に関する問題に取り組める練習問題集です。

◆◆ニチガクのおすすめ問題集◆◆

より充実した家庭学習を目指し、ニチガクではさまざまな問題集をとりそろえております!!

ジュニアウォッチャー（既刊 60 巻）

①～⑥⓪（以下続刊）
本体各￥1,500 ＋税

入試出題頻度の高い 9 分野を、さらに 60 の項目に細分化した問題集が出来ました。
苦手分野におけるつまずきを効率よく克服するための 60 冊となっており、小学校受験における基礎学習にぴったりの問題集です。ポイントが絞られているため、無駄なく学習を進められる、まさに小学校受験問題集の入門編です。

国立・私立 NEW ウォッチャーズ

言語 / 理科 / 図形 / 記憶
常識 / 数量 / 推理
各 2 巻・全 14 巻
本体各￥2,000 ＋税

シリーズ累計発行部数 40 万部以上を誇る大ベストセラー「ウォッチャーズシリーズ」の趣旨を引き継ぐ新シリーズができました！
こちらは国立・私立それぞれの出題傾向に合わせた分野別問題集です。全問「解答のポイント」「ミシン目」付き、切り離し可能なプリント学習タイプで家庭学習におすすめです！

まいにちウォッチャーズ（全 16 巻）

導入編 / 練習編
実践編 / 応用編　各 4 巻
本体各￥2,000 ＋税

シリーズ累計発行部数 40 万部以上を誇る大ベストセラー「ウォッチャーズシリーズ」の趣旨を引き継ぐ新シリーズができました！
こちらは、お子さまの学習進度に合わせ、全分野を網羅できる総合問題集です。全問「解答のポイント」「ミシン目」付き、切り離し可能なプリント学習タイプで家庭学習におすすめです！

実践 ゆびさきトレーニング①・②・③

①・②・③　全 3 巻
本体　各￥2,500 ＋税

制作問題に特化した問題集ができました。
有名校が実際に出題した問題を分析し、類題を各 35 問ずつ掲載しています。様々な道具の扱い方（はさみ・のり・セロハンテープの使い方）から、手先・指先の訓練（ちぎる・貼る・塗る・切る・結ぶ）、表現することの楽しさも学習することができる問題集です。

お話の記憶問題集

初級編
本体￥2,600 ＋税
中級編 / 上級編
本体各￥2,000 ＋税

「お話の記憶」分野の問題集ができました。
あらゆる学習に不可欠な、語彙力・集中力・記憶力・理解力・想像力を養うと言われているのが「お話の記憶」という分野です。難易度別に収録されていますので、まずは初級編、慣れてきたら中級編・上級編と学習を進められます。

分野別 苦手克服シリーズ（全 6 巻）

図形 / 数量 / 言語
常識 / 記憶 / 推理
本体各￥2,000 ＋税

お子さまの苦手を克服する問題集ができました。
アンケートに基づき、多くのお子さまが苦手とする数量・図形・言語・常識・記憶の 6 分野を、それぞれ問題集にまとめました。全問アドバイス付きですので、ご家庭において、そのつまづきを解消するためのプロセスも理解できます。

運動テスト・ノンペーパーテスト問題集

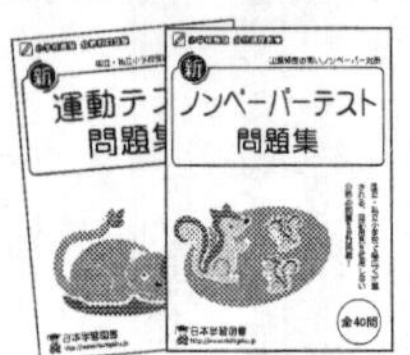

新 運動テスト問題集
本体￥2,200 ＋税

新 ノンペーパーテスト問題集
本体￥2,600 ＋税

ノンペーパーテストは国立・私立小学校で幅広く出題される、筆記用具を使用しない分野の問題を全 40 問掲載しています。
運動テスト問題集は運動分野に特化した問題集です。指示の理解や、ルールを守る訓練など、ポイントを押さえた学習に最適。全 35 問掲載。

口頭試問・面接テスト問題集

新 口頭試問・個別テスト問題集
本体￥2,500 ＋税

面接テスト問題集
本体￥2,000 ＋税

口頭試問は主に個別テストとして口頭で出題解答を行うテスト形式、面接は主に「考え」やふだんの「あり方」をたずねられるものです。
口頭で答える点は同じですが、内容は大きく異なります。想定する質問内容や答え方の幅を広げるために、どちらも手にとっていただきたい問題集です。

小学校受験 厳選難問集　①・②

①・②・③　全 3 巻
本体各￥2,600 ＋税

実際に出題された入試問題の中から、難易度の高い問題をピックアップし、アレンジした問題集です。応用問題への挑戦は、基礎の理解度を測るだけでなく、お子さまの達成感・知的好奇心を触発します。
①は数量・図形・推理・言語、②は位置・常識・比較・記憶分野を掲載しています。各 40 問。

国立小学校　入試問題総集編

A・B・C（全 3 巻）
本体各￥3,282 ＋税

国立小学校頻出の問題を厳選して収録した問題集です。細かな指導方法やアドバイスが掲載してあり、効率的な学習が進められます。
難易度別の収録となっており、お子さまの学習進度に合わせて利用できます。付録のレーダーチャートにより得意・不得意を認識でき、国立小学校受験対策に最適な総合問題集です。

おうちでチャレンジ　①・②

①・②　全 2 巻
本体　各￥1,800 ＋税

関西最大級の模擬試験『小学校受験標準テスト』ペーパー問題を編集した、実力養成に最適な問題集です。延べ受験者数 10,000 人以上のデータを分析し、お子さまの習熟度・到達度を一目で判別できるようになっています。
保護者必読の特別アドバイス収録！学習習熟度を測るためにも、定期的に活用したい一冊です。

Q＆Aシリーズ

『小学校受験で知っておくべき 125 のこと』
『新 小学校受験の入試面接Q＆A』
『新 小学校受験 願書・アンケート文例集 500』

本体各￥2,600 ＋税

「知りたい！」「聞きたい！」
「こんな時どうすれば…？」
そんな疑問や悩みにお答えする、当社で人気の保護者向け書籍です。受験を考え始めた保護者の方や、実際に入試の出願・面接などを控えている直前の保護者の方など、さまざまな場面で参考にしていただける書籍となっています。

書籍についてのご注文・お問い合わせ
☎ 03-5261-8951

http://www.nichigaku.jp
※ご注文方法、書籍についての詳細は、Web サイトをご覧ください。

日本学習図書　検索

成蹊小学校　専用注文書

年　　月　　日

合格のための問題集ベスト・セレクション

＊入試頻出分野ベスト３

1st お話の記憶 集中力 聞く力 知識

2nd 図形 観察力 思考力

3rd 推理 観察力 集中力

ペーパーテストの問題数は減っていますが、難しさは相変わらずです。合格にはある程度の学力が必要でしょう。行動観察はオーソドックスなものが多く、「指示の理解と行動」が主な観点です。

分野	書　名	価格(税込)	注文	分野	書　名	価格(税込)	注文
図形	Ｊr・ウォッチャー3「パズル」	1,650円	冊	図形	Ｊr・ウォッチャー46「回転図形」	1,650円	冊
図形	Ｊr・ウォッチャー4「同図形探し」	1,650円	冊	推理	Ｊr・ウォッチャー47「座標の移動」	1,650円	冊
図形	Ｊr・ウォッチャー6「系列」	1,650円	冊	言語	Ｊr・ウォッチャー49「しりとり」	1,650円	冊
図形	Ｊr・ウォッチャー8「対称」	1,650円	冊	図形	Ｊr・ウォッチャー54「図形の構成」	1,650円	冊
図形	Ｊr・ウォッチャー9「合成」	1,650円	冊		新 小学校受験の入試面接Ｑ＆Ａ	2,860円	冊
記憶	Ｊr・ウォッチャー19「お話の記憶」	1,650円	冊		保護者のための入試面接最強マニュアル	2,200円	冊
巧緻性	Ｊr・ウォッチャー23「切る・貼る・塗る」	1,650円	冊		お話の記憶問題集 初級編	2,860円	冊
巧緻性	Ｊr・ウォッチャー25「生活巧緻性」	1,650円	冊		お話の記憶問題集 中級編	2,200円	冊
運動	Ｊr・ウォッチャー28「運動」	1,650円	冊		お話の記憶問題集 上級編	2,200円	冊
行動観察	Ｊr・ウォッチャー29「行動観察」	1,650円	冊		１話５分の読み聞かせお話集①②	1,980円	各　冊
推理	Ｊr・ウォッチャー31「推理思考」	1,650円	冊		新 運動テスト問題集	2,420円	冊
常識	Ｊr・ウォッチャー34「季節」	1,650円	冊		実践 ゆびさきトレーニング①②③	2,750円	各　冊
図形	Ｊr・ウォッチャー35「重ね図形」	1,650円	冊				
図形	Ｊr・ウォッチャー45「図形分割」	1,650円	冊				

合計	冊	円

（フリガナ） 氏　名	電　話 ＦＡＸ E-mail
住所　〒　　　－	以前にご注文されたことはございますか。 有　・　無

★お近くの書店、または記載の電話・FAX・ホームページにてご注文をお受けしております。
電話：03-5261-8951　FAX：03-5261-8953　代金は書籍合計金額＋送料がかかります。
※なお、落丁・乱丁以外の理由による商品の返品・交換には応じかねます。
★ご記入頂いた個人に関する情報は、当社にて厳重に管理致します。なお、ご購入の商品発送の他に、当社発行の書籍案内、書籍に関する調査に使用させて頂く場合がございますので、予めご了承ください。

日本学習図書株式会社
https://www.nichigaku.jp